한국여성사

〔개정판〕

최일성
김현정 공저

백산자료원

머리말

광복 후 반세기가 지나는 동안 한국사학계는 여러 가지 어려운 여건 속에서도 괄목할만한 연구성과를 이룩하여 왔다. 이러한 한국사학계의 부단한 노력은 한국사를 새롭게 이해하는데 큰 도움이 되었을 뿐만 아니라 정치, 경제, 사회, 문화 등 모든 분야에 걸친 많은 연구 업적이 축적되기에 이르렀다. 또한 세계화, 국제화 시대를 맞이하여 우리의 역사와 문화를 올바르게 전승 보존하는 것이 바로 우리민족이 세계사의 발전에 적극적으로 참여하는 길이라는 점에서 국사교육이 더욱 요망되고 있는 것이다.

인류의 역사는 남성과 여성에 의하여 생성되고 발전하여 왔지만 역사서술의 기본사료에 여성에 대한 기록이 상대적으로 적을 뿐만 아니라 오늘날 여성사에 대한 연구도 다른 분야에 비하여 그 업적이 미미한 편이다.

1894년 갑오개혁으로 재가허용, 조혼금지, 내외법 폐지 등 여성 지위에 획기적인 변화가 일어났으며, 1920년대 여권에 관한 논의가 시작되면서 여성운동 단체들이 조직되고, 1948년 초대 국회의원 선거에서 여성에게 투표권이 부여되어 여권이 크게 신장되었다. 그후 급속한 산업사회로의 발전은 여성의 역할이 더욱 중요시되고 있다.

인구의 절반은 여성이며, 21세기는 여성인력의 시대가 도래할 것이라고들 한다. 미래 사회는 여성과 남성이 함께 이끌어가야 한다는 사실에서 여성들뿐 아니라 사회전체가 여성도 역사의 주체임을 인식해야 한다. 우리대학도 여학생이 차지하는 비율이 25%에 달하고 있어 여성사를 개설하고 이에 필요한 교재를 개발하게 되었다.

이 책은 선학들의 연구성과에 힘입어 대학생을 위한 교양교재로 편찬하면서 전문학자들의 저서를 인용 또는 약술하였는데, 문헌자료를 각 장마다 각주로 자세히 밝혀야 하나 전문서적이 아니라는 한계점 때문에 참고문헌에 그 인용한 책을 밝혔다.

끝으로 이 책이 발간되기까지 각 분야에서 협조해주신 여러분께 감사드리며, 부족한 점은 선학의 가르침을 받아 계속 고쳐 충실한 내용이 되도록 노력할 것이다.

2001년 8월

목 차

Ⅰ. 원시시대의 성별(性別) 역할

'사회적 동물'이라 일컬어지는 인간들은 문명을 만들어내기 이전 어떤 모습으로 살았을까? 무리 속에서의 상호관계는 어떠했을까? 문자 기록이 없는 시대적 특성상 그 구체적인 모습을 추론하기란 그리 쉬운 일은 아니다. 그러나 문명사회보다 몇 백 배 긴 시간을 보냈던 선사시대의 상황을 고찰하는 것은 매우 중요하다. 왜냐하면 이 시기를 통해 우리는 다분히 인위적 이데올로기로써 억압되고 왜곡되어 있는 역사이래 인간관계의 자연적 원형을 찾아낼 수 있고, 따라서 미래지향적인 인간관계를 상정할 수 있는 근거를 제공받을 수 있기 때문이다.

특히 이 시기 성별에 따른 지위와 역할을 구명하는 것은 근대 이후 일어난 여성운동의 방향설정에 중요한 단서를 제공한다. 역사이래 전근대 시기까지 너무나도 '당연'한 것으로 인식되어 왔던 남녀불평등의 관념이 근대 이후에도 마땅히 지속되어야 하는 것인가에 대한 물음에 대해 선사시대의 상황은 회의적(懷疑的) 답변을 하도록 유도하고 있다. 모든 문화는 그 나름의 발생요인이 존재하듯이 성별 역할과 지위에 대한 정의에도 시대성이 작용하고 있음을 알려주기 때문이다.

1. 구석기시대 수렵사회의 성별 분업

(1) 분업의 협동

구석기 시대의 인간관계, 특히 남녀관계의 모습을 추론하기 위해서 우선 주목해야 할 것은 자연 조건이다. 수 백 만년동안 지속된 구석기시대는 빙하기와 간빙기가 반복적으로 진행되며 극심한 기후변화와 지각변동 등의 불안정한 환경을 인류에게 제공하였다. 게다가 인류의 출현 이전부터 번성한 포유류 맹수들은 인간의 생존까지도 위협하는 존재였다. 이러한 위기를 극복해 가는 과정에서 인간들은 체력의 열세를 극복하고 살아남기 위해 자연스레 서로 돕고 거들며 같이 살아가는 법을 터득하게 되었다. 즉 상대적으로 미약했던 인간은 생존과 종족보존이라는 본능적 공동목적을 달성하기 위해 '협동'이라는 대책을 마련하게 된 것이었다.

이러한 협동은 무리 구성원간의 분업을 기초로 이루어졌다. 각각의 구성원은 각자 갖고 있는 능력에 따라 무리 내에서의 역할이 결정되었는데, 지금까지 밝혀진 바에 의하면 원격지로의 이동과 극심한 체력이 요구되는 노동은 주로 남성이, 상대적으로 체력의 소모가 적은 노동은 주로 여성이 담당하는 경향이 나타났다. '남성은 수렵', '여성은 채집'이라는 역할분담의 관념이 발생한 것이다. 그러나 이것은 성별에 따른 절대적 분업이 아니어서, 수

렵에 여성이 동원되는 때도 있었고 남성도 미성년이나 노인의 경우 대다수의 여성과 마찬가지로 채집에 종사했던 것으로 보여진다.

대개의 경우 여성이 상대적으로 '쉬운' 일을 담당한 것은 체력의 열세 때문이기 보다 임신·출산·수유의 생물학적 기능을 수행하는 것과 관련이 있다. 오스트랄로피테쿠스의 화석을 분석한 연구에 따르면, 당시 사람들의 평균 수명은 11~12세 정도에 불과하였다. 또 여성은 평균 8~9세에 첫 아이를 출산하고 3~4년 터울로 둘째 아이를 낳았던 것으로 알려졌다. 개인간의 편차가 물론 다소 있겠지만 평균적인 경우를 예로 보면, 여성은 대개 두 번째 출산 이후 얼마 안 있어 각종의 원인으로 인해 사망하는 것이 된다. 여성의 출산 연령을 기준으로 성인의 나이를 8~9세로 추정한다면, 오스트랄로피테쿠스 시절 인간은 성인으로 자라나기 훨씬 이전에 이미 그 부모를 잃게 되는 것이다. 극성을 부리던 맹수류에 의해 성인 오스트랄로피테쿠스조차도 종종 희생되는 당시 상황에서 육아의 임무가 친부모에게만으로 한정되어 있었다면, 아마 현재 지구상에 인류는 존재하지 않았을 것이다. 결국 인간은 생물로서의 본능적 욕구인 '생존'을 위해 협동의 무리생활을 영위하였고, 생존만큼이나 중요한 '종족보존'을 위해 영·유아 육아에 대한 공동책임의식을 갖게 되었는데, 출산의 경험이나 교육, 그리고 육아에 있어 수유 등의 이유로 여성이 보다 직접적으로 관여할 수 있는 빈도가 높아지며 성별에 따른 분업이 발생한 것이다.

즉 이 시기 분업의 성별간 차별성은 체력적 약자에 대한 '배려' 차원이 아닌, 공동 목적 달성을 위한 구성원간의 적절한 역할분담에서 비롯된 것이다. 생산력이나 기동력이 떨어지는 노인에 대한 처우도 같은 맥락에서 파악할 수 있다. 문자가 없어 '지식의 전승'이 쉽지 않았던 당시 상황에서 노인의 '경험'은 실제 노동만큼이나 생존에 가치가 있었던 것이다.

모든 구성원이 적절한 역할을 분담하는 분업체제는 '공존'의 가치를 드높이게 되어, 구성원간의 이해관계에 따른 분쟁 발생이 억제되는 효과를 가져왔다. 오스트랄로피테쿠스로부터 호모 사피엔스에 이르는 구석기 시대 유적에서 사냥에 사용된 치명적 무기류가 등장했음에도 불구하고 전쟁의 흔적이 거의 나타나지 않는다는 연구는 공존공생의 당시 상황을 잘 보여주고 있다. 불안정한 환경에도 불구하고 노인은 물론 장애인도 무리에서 배척당하지 않는 공동생활을 이룬 것이다. 골절 등 사고로 인한 부상은 보이나 규석으로 만든 날카로운 창에 찔린 사인은 보이지 않는 것이나, 젊었을 때 손발이 절단된 노인의 유골과 심한 관절염 환자의 유골이 발견되는 것이 그 증거이다. 즉 불안정한 자연적 환경이 평화로운 인위적 환경을 초래한 아이러니가 발생한 것이다.

이러한 사례는 '사유재산의 축적 없는 분업만으로 한 성(性)이 다른 성을 착취하기 위한 토대를 마련할 수 없다'는 주장의 배경이 되기도 한다. 소규모의 무리사회에서 공존공생을 위한 분업은 각자 역할의 중요도에 우열을 가릴 수 없는 것이었고, 또한 당시 생산력 수준이 '군림하는 유휴노동력'의 존재를 수용할 수 없는 상태였다. 오스트랄로피테쿠스 이후 점차로 인류의 평균수명이 늘어나며 인간의 사회에 '모계(母系)' 관념이 등장했음에도 불구하고 '모권제(母權制)'가 실현되었을 가능성이 희박하고 보는 것도 바로 이러한 이유 때문이다. 이러한 원시공동체적 인간관계는 현재 미개부족에 대한 관찰을 통해서도 일부 확인되고 있는 바이다.

(2) 여성의 지위

모든 구성원이 각자 중요한 역할을 담당하고 있다는 인식이 지배적인 상황에서 각 지위에 대한 차별이나 계급의 발생은 일어날 수 없었다. 무리 내에서 성별 지위의 우열을 따지거나 '동등'이란 단어를 사용하는 것조차 당시로서는 무의미한 일이었다.

한편으로 당시 식량공급활동에 있어 주로 남성이 담당했던 비정기적이고 불확실한 수렵획득물에 비해 주로 여성이 고급기술을 지니고 있었고 상대적으로 안정적인 채집물에 의존하는 정도가 더 높았을 것으로 추측하며 여성이 다소 우위의 지위를 누렸을 것으로 보는 견해도 있다. 그러나 구석기인의 남성은 여성보다 몸이 약 두 배나 컸다는 고고학적 보고나 의료인류학적 연구에서 보이는 구석기 여성의 상대적 영양상태 부실은 그러한 주장에 회의를 느끼게 한다.

단, 위생상태의 부재로 인한 유아와 산모의 높은 사망률은 여성의 생물학적 가치를 더욱 부각시키는 결과를 가져왔다. 현재 발견되는 소상들이 모두 성적인 특징이 현저한 돌이나 상아로 만들어진 여성상이 대부분이라는 것은 여성의 희귀성에 대한 당시 사람들의 인식을 반영하는 것으로 파악해 볼 수 있다. 스페인의 알타미라와 프랑스의 라스코, 리바다셀라 등의 동굴 천장이나 바위 표면에 선각이나 채색을 하여 그린 그림에는 남녀 모두의 성적인 상징이 과장되게 표현되어 있으나 특히 여성의 것은 보다 사실적으로 묘사되고 있다. 물론 구석기 여성들이 실제로 그렇게 풍만한 몸매를 유지하고 있었을 가능성은 희박하다. 그러므로 예술적 의미보다는 모든 것이 궁핍했던 당시 선사인들 남녀 모두 간절히 바랬던 '풍요와 다산'의 염원이 반영된 것임은 분명하다고 하겠다. 하지만, 생식에 있어서 남성이 할 수 없는 여성의 역할은 선사인들의 상상력을 크게 자극했던 모양이다.

여성에 대한 인식이 보다 특별했음에도 불구하고 그것은 모종의 권력이나 심각한 성차별을 수반하는 것이 아니었다. 초기 교환혼의 흔적이 보이는 몇몇 사례에서, 교환대상이 되었던 성별이 특정한 쪽으로 국한된 것이 아니었다는 사실은 당시 동등했던 남녀간의 지위를 알려준다. 인근 집단과의 동맹관계 수립을 위해 행해졌던 족외혼을 위해 교환된 것은 여성과 마찬가지로 남성도

끼어 있었던 것이다. 또한 이렇게 교환되는 여성들은 남성의 경우와 마찬가지로 그 본인의 친족집단과 배우자의 친족집단 모두에 대해 일정한 권리를 지니고 있었다.

혼인 후의 거주지는 남녀 어느 쪽이든 상황에 따라 선택할 수 있었고, 가계(家系) 역시 남녀 쌍방에 있었다. 물론 구석기 시대에는 지금과 같은 일부일처제가 아닌 무리혼-혹은 난혼-의 형태로 자유롭게 남녀가 결합하였기 때문에 출생한 아이의 친아버지가 불분명한 상황인 데다가 제반 여건으로 인한 친어머니의 단명으로 공동체 안에서 아이들을 집단적으로 양육하였을 가능성이 높으므로 남녀간의 가계를 구별하는 것 자체가 무의미할 수 있다.

그러나 인류의 생존과 번식에 대한 희망이 간절했던 당시, 여성들은 당시 가장 확실한 노동 도구이자 생존에 있어 절대적 동반자인 인간을 낳고 기르는 역할을 담당함으로써 집단 내에서 남성과는 차별되는 일정한 지위를 확보할 수 있었을 것이고, 집단 내 2세들에 대해서도 상대적 우위의 영향력을 행사할 수 있었음은 짐작해 볼 수 있을 것이다.

2. 신석기혁명과 여성

빙하기와 간빙기가 되풀이되며 해수면과 동식물의 분포 변동이 빈번했던 홍적세가 끝나고, 약 1만 년 전 후빙기가 시작되면서 기후는 온난다습해지고 안정적으로 변화해 갔다. 이러한 기후 변화는 인류의 문명 발생에 획기적 영향을 주었다. 충적세가 시작되면서 대륙북쪽을 덮고 있던 빙하가 녹아 바다로 흘러 들어감에 따라 전 세계적으로 해수면이 점차 높아졌고, 우리나라의 경우 100m 전후 깊이인 황해나 대한해협도 이 때 형성되며 지금과 같은 지형의 모습을 갖추게 되었다.

보다 안정적인 자연 환경 속에서 인간은 농경과 목축에 의한 식량생산 경제를 배경으로 하여 비약적인 발전을 이루었다. 특히 이 시기에 시작된 농경은 인류문화의 발달에 큰 영향을 끼치고 사회질서의 개편을 초래하여 '신석기혁명'이라고까지 평가되었다. 그런데 이 시기 농경과 관련하여 여성의 주도적 역할이 주목되면서, '농업을 발명한 것은 여성'이라는 주장이 설득력 있게 제기되었다.

(1) 농경의 발명

환경이 안정되며 그간의 야영생활은 점진적으로 정착화 되어 갔다. 신석기인들은 새로운 안정적 환경에 적응하며 진일보한 식량획득 기술을 개발하게 되었는데, 그것은 '간석기'와 '농경'으로 대표된다.

식량공급 활동에 있어 채집활동은 구석기시대와 마찬가지로 여성들이 주로 담당하였는데, 정착생활에서 반복적으로 일정 지역 내의 같은 식물을 접하게 된 여성들은 그 발아와 번식주기에 차츰 주목하게 되었고, 특히 수분함량이 적어 장기보존이 용이한 곡물에 관심을 갖게 되며 '농경'이라는 새로운 기술을 주도하였다. 초기 농경의 수확물은 양적으로 그리 많은 비중을 차지하지는 못하였으나, 운반이 용이하고 채집과 사냥이 곤란한 시기에 비상식량으로 활용할 수 있었기 때문에 전체 식량공급 활동 속에서 차지하는 위치는 갈수록 증대하였다.

농경은 부수적인 기술과 도구의 창출을 수반하였다. 곡물을 찧기 위한 크고 무거운 돌절구나 곡물을 보존하기 위한 용기, 즉 토기가 등장한 것이다. 또한 온난다습해진 기후에 맞추어 새로운 입을거리가 필요해짐에 따라 제사(製絲)·직포(織布)의 기술이 등장하였다. 농업과 더불어 나타난 이 새로운 기술들의 발명 역시 여성들의 역할이 중대하게 작용하였음은 물론이다.

여성은 신석기시대의 3대 특징인 농경, 토기, 간석기 중 두 개의 발명과 활동에 중대하게 기여함으로써 사회에서 차지하는 지위도 높아졌다. 특히 농경 생산물은 위험하고 불안정적인 수렵획득물에 비해 안전하고 안정적이며, 생산이나 보존에 대한 계획이 가능한 것이어서 이에 대한 의존도가 점점 올라갔고 이에 비례하여 여성의 위상도 높아졌다. 물론 구석기시대에도 여성은 출산이라고 하는 생물학적 기능을 통해 무리 내에서 남성과 차별되는 일정한 지위를 확보하고 있었지만, 신석기시대의 여성지위 상승은 의미가 다른 것이었다.

잘 알려진 대로 농경은 정착생활을 초래하였고, 정착생활은 문명을 가능케 하였다. 즉 '인간적인 삶'인 문명의 시작에 있어 여성의 역할은 절대적인 것이었고, 이는 향후 일정기간 여성의 우위를 보장하였다.

(2) 모계의 시작

구석기시대와 달리 정착이라는 안정적인 생활형태 속에서 농경을 통한 식량의 계획생산이 가능해지자 인구는 비약적으로 증가하였고 인간관계는 좀더 복잡해졌다. 집단의 규모는 구석기시대와 비교할 수 없이 커지고 확대된 집단 구성원간의 분업과 생활은 보다 주도면밀하게 이루어졌다. 출산과 육아를 통해 자연스레 남성보다 돈독한 2세와의 관계를 유지하던 여성은 신석기시대에 이르러 새로이 습득한 기술을 후대에게 전수하는 과정에서 그 유대관계를 더욱 공고히 해나갔다. 이는 가계가 남녀 쌍방에게 있던 구석기시대 무리혼의 전통이 대우혼(對偶婚)이라 지칭되는 정부정처(定夫定妻)의 모계제(母系制)로 전환되어 간 것과 관련이 깊다.

집단 내 구성원의 숫자가 늘어나자 고래(古來)의 무리혼 형태로 남녀가 결합하는 것은 무질서와 구성원간의 갈등이라는 혼란을 초래하였다. 우선 집단 내부를 하부의 단위로 정리할 필요가 있었고, 또 남녀의 결합도 집단 전체의 질서와 연관시켜 고려해야만 했다. 그래서 나타난 것이 정부정처의 남녀결합을 기초로 하여 발생한 '가족'이다. 특정 남자와 특정 여자가 결합하여 미성년의 자녀와 함께 사는 이 소가족은 다시 그 관계를 종·횡으로 반복하여 대가족을 구성하고, 이러한 대가족이 또 그 관계를 반복하여 하나의 씨족 또는 부족을 이루게 된다. 이렇게 확장되고 복잡해진 인간관계 속에서 가장 기본단위로 등장한 가족이라는 새로운 개념에서 가계는 모계로 이어졌다. 앞에서 밝혔듯이 무엇보다도 여성은 당시 기술과 그 전수에 있어 주도권을 장악하고 있었기 때문에 모계제로의 이행은 자연스럽고도 당연하게 이루어졌다.

근대 신대륙 발견시 탐험가들이 발견한 수렵부족의 생활상은 신석기시대의 여성지위 연구와 관련하여 우리에게 흥미 있는 단서를 제공해 주고 있다. 이러쿼이족(iroquoises)이나 6부족 연합 등의 북미 인디언을 관찰한 바에 따르면, 그 부족의 여성들은 상당한 권력을 행사하고 있었음이 드러난다. 여성들은 씨족의 토지를 양도하고 혼인이나 동맹을 지휘하며 추장이나 재무관을 마음대로 지명하고 해임할 수 있었다. 즉 여성들은 가족이나 가족의 확대판인 씨족 내에서 자신이 향유한 지위를 토대로 남성에게 권력을 부과할 수 있었던 것이다. 일종의 대리인 지명인 셈이다. 또한 여성들은 그 소유물을 배타적으로 소유하고 있었기 때문에 남편과 불화가 일어나는 경우에 남편을 집밖 또는 씨족 밖으로 추방할 수도 있었다.

모계제란 이러쿼이족의 사례에서 보이는 바와 같이, 친족범주의 결정이나 친족집단의 귀속권(歸屬權)이 어머니를 통하여 규정되는 것인데, 이는 여성이 그 사회에서 정치적 권력을 가지고 있는 모권제(母權制)와는 구별되는 것이다. 인류학적 보고에 따르면 세계 447개 사회 중에서 58개 사회가 모계제를 취하고 있지만, 모계제 아래에서도 정치권력은 대부분 남성에 의해 장악되고 있는 것으로 알려졌다.

그러나 근대 이후 이를 발견한 초창기 탐험가들은 이 조차도 '가장 독창적인 독재'라고 규정했다고 한다. 그만큼 선사시대의 진상이 역사이래 다양한 가부장 이데올로기로 감염된 우리의 선입관과 사뭇 다름을 보여주는 것이라 하겠다.

(3) 종교의 발생과 모신숭배사상

애니미즘이나 토테미즘, 샤머니즘, 영혼 숭배, 우상 숭배 등의 원시신앙은 신석기시대에 시작된 것으로 알려져 있다. 그렇다면 당시 신앙의 대상이 되었던 신(神)의 성별은 무엇이었을까? 이에 대해 현재까지 다양한 논의가 있어 왔다. 혹자는 신이란 인간을 초월하는 존재이므로 무성의 존재였다고 주장하고, 혹자는 몇 가지 근거를 들어 원시종교에서의 신은 남자였을 거라고 주장한다. 신의 남성성을 주장하는 이들은 제단 앞에서 여자가 춤을 추었던 사실이나 제물로 바쳐지는 대상으로 처녀가 자주 선택되었다는 것, 성화나 신전을 지킨 것은 처녀였다는 사실 등을 주장의 근거로 내세운다. 즉 당시 인간들은 신의 성별을 남성으로 인식했기 때문에 여성, 특히 처녀들을 선별하여 바쳤다는 것이다. 그러나 이러한 주장들은 대부분 문명이 발생하고 문자가 출현한 이후의 상황을 토대로 한 것이어서, 원시신앙이 발생한 신석기시대의 상황을 간과하고 있다는 오류를 범하고 있다.

원시신앙의 발생은 농업의 발생과 밀접한 관련이 있다. 농업에 따른 정착 생활은 채집·수렵의 이동생활을 영위한 이전 시대와 달리 자연현상에 대한 세심한 관찰과 민감한 반응을 필요로 하였다. 그러나 당시의 저급한 지식 수준으로 모든 자연 현상을 파악하는 것은 불가능하였다. 그래서 그들 나름의 이해 방식이 필요하였고, 그것이 곧 신비적 관념의 신앙으로 나타난 것이다. 즉 자연계에서 일어나는 여러 현상에 대해 이해하고 설명하려 한 인간의 첫 시도가 바로 원시신앙인 것이다.

추측컨대 원시신앙의 초기 형성기에는 그 대상을 무성(無性)의 초인적(超人的) 존재로 인식하였을 것이다. 그러나 신앙의 대상을 이해하고 구체화시켜 가는 과정에서 각각의 대상에게 의인화된 성격을 부여하게 되었고, 곧 특정한 성별을 갖는 존재로 인식하였다. 이 때 신석기인들이 인식하는 신의 모습에 가까운 것은 여성이었다. 남성이 갖지 못한 생식적 능력, 즉 출산만으로도 충분히 신성스러운 여성은 게다가 농경과 관련된 새로운 기술과 지혜를 보여주며 한층 더 신비스러워진 것이다. 사유(思惟)하는 여유가 부족했던 신석기인들은 식물의 효능(약초)에 대한 지식이라거나 날씨에 대한 예언 등에 대해 그 능력의 습득과정을 인과론적으로 고찰하는 것보다 즉각적 결과로 그 능력 자체를 감탄하고 비범해 하는 쪽이 많았기 때문이다.

현재에도 대부분의 문화권에서 대지(땅)나 강·호수 등 물에 관련된 신들이 거의 여성으로 등장하는 것은 농경과 정착이 시작된 신석기시대 여성이 누린 신성의 지위를 반영한다. 즉 농경을 통해 인류의 진보에 기여한 여성은 인류최초의 숭배대상의 성별을 여성으로 결정짓도록 하여 집단 내에서 특권의 지위를 점유한 것이다. 현재 남아있는 고대의 신화 구조 속에서 여성은 대개 지모신(地母神)으로서만 그 신성의 명맥을 겨우 유지하고 있지만, 원시 신앙의 생성 초기 대부분의 숭배 대상의 성별이 여성이었음은 많은 사례에서 발견된다. 역사가 시작된 이후 초기 사제들 대부분이 여성이었음은, 남성신에 대한 제물로서의 가치를 지닌 때문이 아니라, 타고난 신성(神性)으로 신과의 교류에 있어 보다 재능이 있음을 인정받았기 때문이었다. 이후 역사가 진보하고 가부장권이 강화되며 인간 사회 속 일체의 권위를 남성이 독점함에 따라 여성의 신성은 퇴색되어 갔다. 그럼에도 불구하고 현재까지도 농경에 관련된 분야에서 그 권위를 유지하고 있다는 것은 신앙이 시작된 신석기시대 여성이 누린 신성의 지위가 얼마나 대단한 것이었는지 짐작케 한다.

신석기시대 여성은 출산과 육아, 그리고 농경과 관련된 분야에서 보여준 '비결'을 수단으로 소가족과 그것이 확대된 집단 내에서 '폭력을 수반하지 않는' 권력을 향유하며 일정한 영향력을 행사하였다. 게다가 이 시대의 안정적인 생활환경은 영아사망률도 감소케 하여, 여성은 더 많은 자손을 출산·육아하며 자신의 지지자 숫자를 성공적으로 늘려갔다.

구석기시대의 것과 비슷한 모양의 여성 소상(塑像)이 신석기시대에도 연이어 출현하고 있는데, 흥미로운 것은 소상들의 크기와 모양이 휴대가 용이하도록 제작되어 호신부(mascot)의 기능을 가졌다는 것이다. 이는 이전시대 다산과 풍요의 기원 위에 '숭배'라는 종교적 의미가 더해졌음을 보여준다.

Ⅱ. 문명의 시작과 여성의 지위 변화

농경이 진전되며 인간관계에 일대변화가 일어났다. 식량확보에 있어 농경수확물에로의 의존도가 높아지며 정착은 필수적인 것이 되었고, 이에 따른 주거문화의 발전은 인간의 생활환경을 보다 쾌적하게 만들었다. 안정적 조건이 생활 전반으로 확충되어 감에 따라 인구는 증대되었고 분업의 양상도 전과는 달리 전개되었다. 인간관계는 복잡해졌으며 각자의 이해관계에 따라 갈등도 심화되기 시작하였다.

새롭게 전개되는 복잡한 환경 속에서 인간이 생존과 종족보존을 위해 선택한 방법은 이제 다소의 개인적 손해를 감수해야 하는 '공존을 위한 양보'가 아니라, 치열한 경쟁에서의 승리를 통해 획득하는 '특권'이었다. 이것은 곧 차별적이고 불평등한 인간관계가 발생함을 의미했다. '평등한 모계' 사회는 그야말로 '전설 속의 이야기'가 되어가고 있었던 것이다. 원시시대의 불안정한 생활환경 속에서 안전한 유대관계를 이끌어냈던 인간은 안정적인 생활환경을 확보한 이후 불안전한 인간관계를 창출하는 아이러니를 만들어냈다.

1. 계급의 출현

(1) 문명의 발생

기원전 6000년에서 기원전 3000년 사이 인간사회에서는 새로운 기술혁명이 일어났다. 그것은 새로운 에너지[우력(牛力), 수력, 풍력]의 발견과 보다 우수한 기술[쟁기, 풍차, 수차, 돛단배]의 개발, 그리고 새로운 운송방법[바퀴]의 등장, 금속에 대한 화학적 과정에 관한 지식, 태양력의 발명, 벽돌 건축, 응용 수학의 발명 등이 서로 일련의 관계성을 갖고 나타난 것이다. 새롭게 등장한 기술들은 인간의 생산력을 비약적으로 발전시켰다. 높은 생산력은 곧 작물의 풍부한 수확을 가능케 했고, 인간이 문명을 창출하고 문화를 꽃피우는 데에 경제적 환경을 제공했다. 그러나 한편으로 '잉여물'은 '분배'에 관련된 심각한 갈등을 초래했으며, 결국 인간은 발달된 인지의 힘을 빌어 평화로운 공존상태를 마감하였다.

농경은 점진적으로 발전하며 인간의 식량공급 활동 속에서 그 비중을 키워갔고 급기야 더 이상 수렵이나 채집의 보조수단이 아닌 인간들의 주산업이 되었다. 경작지는 넓어졌고, 사육하는 가축의 종류와 숫자는 늘어났다. 게다가 금속이 발명되어 농경도구를 만들고 가축을 경작에 이용하는 법을 알게 된 이후 생산력은 급속히 증대되었다. 이제 만성적인 식량난은 어느 정도 해소되었고 가끔 잉여물이 발생하기도 하며 인간의 생활에 여유를 가져다 주었다.

구석기시대의 작은 무리는 신석기시대 정착이 시작되며 작은 규모의 촌락으로 변화하였고, 안정된 환경 속에서 차츰 인구를 늘려가며 집단의 규모를 키워가던 인류는 금속기가 발명될 무렵 도시를 출현시켰다. 농경이 인구의 정착을 가능하게 하고 식량의 잉여생산이 인구의 폭발적 증가를 이룬 결과였다. 한 개의 공동체집단이 인구로 복잡해지고 이러한 거대집단의 숫자가 늘어가자 구성원간, 집단간의 관계도 변화했다.

분업은 한 공동체 내의 구성원들간에만 이루어진 것이 아니라 근·원거리 집단간에도 확대 적용이 되었다. 자신들이 처해 있는 자연적 환경에 따라 서로 다른 산업에 종사하고 있던 집단들은 서로의 필요물자를 조달하기 위해 집단적 교역을 시작하였고, 이것은 상대적으로 물자가 풍부하고 교통이 편리한 지역의 도시를 융성하게 만들었다. 의사소통을 위해 언어가 발달하였고 교역량이 증대하며 숫자 개념이 출현하였으며 한층 더 복잡해진 거래에서 인간 기억력 한계를 극복하고 객관적 증거보존을 위해 문자가 발명되었다.

(2) 전쟁의 발발과 불평등의 시작

현대사회를 살고 있는 사람들에게 '경쟁'과 '전쟁'은 인간의 본성과도 같은 것으로 인식되고 있다. 그러나, 사실 '인간 본성

(human nature)'이란 지극히 사회적인 것이다. 수(Sioux)족 인디언을 대상으로 지능검사를 실시하려 했던 과학자들은 그들이 왜 서로 협력해서 답을 구해서는 안 되는가 하는 것을 이해하지 못한다는 사실을 발견했다. 그 인디언들이 사는 사회는 경쟁이 아니라 협동을 강조했던 것이다. 유럽인과 처음 대면한 에스키모인들은 '전쟁'이란 말이 뭘 뜻하는지 이해할 수 없었다. 한 집단이 다른 집단을 '쓸어버린다'는 생각은 그들에게 정신 나간 소리로 들렸던 것이다. 전쟁은 인간의 타고난 침략성[공격성] 때문에 일어나는 게 아니다. 전쟁은 사회가 계급으로 분화된 결과이다.

선사학자 고든 차일드가 유럽의 선사시대 상황을 설명한 글 중 일부이다.

> 최초의 다뉴브족은 평화스런 종족이었던 것으로 보인다. 그들의 무덤에서 출토된 것은 전쟁 무기가 아니라 사냥 도구들이었다. 그들의 마을은 군사 방어 시설이 없었다. (중략) 그러나, 신석기 시대 후기에는 무기가 가장 두드러진 품목이 되었다.

잉여생산물이 발생하자 인간은, 집단 구성원의 생존을 위해 필요한 최소량보다 많은 식량을 비축할 수 있고 또한 이 잉여생산물은 공동체의 안정에 절대적으로 필요하다는 사실을 깨닫게 되었다. 그리고 잉여생산물을 늘리기 위해서는 노동을 제공하는 인간의 숫자가 증대되어야 함도 알게 되었다. 생산에 대한 이러한 자각은 자연적 인구증가를 도모하는 단계를 지나 곧 집단간의 분쟁을 야기했고, 이 분쟁은 곧 인근 공동체집단들이 서로 잉여생산물 자체와 잉여생산을 위한 도구, 즉 인간을 뺏고 빼앗기는 전쟁의 상황으로 치닫게 하였다. 이 전쟁의 승패에 따라 인간은 집단적으로 차별되기 시작하였다. 구석기이래 생산과 분배에서 평등하게 지속되어 왔던 인간관계가 처음으로 변화한 것이다. 전쟁에 승리한 집단이 전쟁에 패한 집단을 착취하는 형태, 즉 집단노예가 출현한 것이다. 이것이 계급의 발생이다.

각 집단들은 원래 자기들이 처해 있는 자연적 환경의 조건에 따라 주산업을 달리 하며 살아왔다. 강수량이 풍부한 평야지역에서 사는 집단은 자연스레 농경에 치중하게 되고, 강우량이 적은 고원지역에서는 목축을 생업으로 꾸려나갔으며, 바닷가에 인접한 지역은 어업으로 살아가고 있었다. 생활환경으로 인해 초래된 집단간의 경제적 불평등은 교역이 시작되면서도 해결되지 않았고, 오히려 빈곤한 지역의 주민들이 인근 도시로 이주하는 경향이 발생하며 '빈익빈부익부(貧益貧富益富)' 현상이 가중되었다. 그러나 정복의 욕구를 먼저 느낀 집단에 의해 발발된 전쟁의 결과, 지역간의 분업화는 고착되었다. 필요에 따라 전쟁을 일으킨 승자는 패자의 이주를 강력히 제한하며 집단적 착취를 실행하였기 때문이다. 이 결과로 사회적 분업은 고도로 전문화되어 갔고, 생산력은 더욱 증대되었다.

한 집단 내 구성원들 사이에서도 마찬가지의 관계 변화가 생겼다. 인구 증가에 따라 각 구성원들의 역할과 상호관계가 복잡해지자 전쟁의 승자집단이든 패자집단이든 간에 생산수단이나 생산물의 집단적 소유가 곤란해졌다. 특히 집단간의 경쟁과 갈등이 치열해지며 전쟁은 중요한 집단의 생존방식-그것이 공격을 위한 것이든 방어를 위한 것이든-으로 등장하였고, 전쟁에 직접 참여하는 전사(戰士)의 사회적 지위도 높아졌다. 전사는 늘 전쟁에 대비하여 전술과 무술을 연마하여야 했으므로 생산활동에 직접 참여할 수 없었다. 그러나 이들은 잉여생산물을 획득하는 데 가장 기여도가 높은 사람이었으므로 그에 합당한 대우, 즉 전사가 아닌 사람들보다 훨씬 많은 소유물을 원했다. 그들은 전리품으로 획득한 생산수단[토지, 노동력, 금속도구]에 대한 배타적 소유를 시도하였다. 물론 이는 평화적 합의에 의해서가 아닌 폭력을 수반한 강제적 억압을 통해서였다. 이제 한 집단 내에서도 차별적인 계급이 출현한 것이다.

바야흐로 인간은 빈곤한 평등의 시대에서 부유한 불평등의 시대로 접어든 것이다.

(3) 가부장제와 여성의 유폐

제 2차 신석기 기술혁명이라고도 불리는 일련의 생산력 발전 과정에 있어 남성의 기여는 절대적이었다. 구석기시대부터 수렵 분야에서 적극적 역할을 수행했던 남성은 금속기의 발명과 제작, 그리고 목축 분야에서 거의 독점적으로 활동하였다. 신석기시대 초기 여성의 신성적 권위에 주눅이 들어 지내던 남성은 우연히 발견한 금속의 제작기법을 시작으로 하여 자신의 지위를 되찾아 갔다. 출산(생산)에 있어 남성의 역할도 중요하게 작용함을 인식한 그들은 이제 더 이상 여성만이 알고 있던 '비법'에 따라 수동적으로 움직이는 무지한 노동자가 아니었다. 오히려 남성은 구석기시대부터 꾸준히 증대시켜온 체력의 우위를 바탕으로 새로운 문명을 개척해나가는 선두주자로 나선 것이다. 고든 차일드의 말을 빌리자면 '남성의 쟁기가 여성의 괭이를 계승'하여, 농업생산의 중심적 담당자로서 남성이 여성 대신 자리잡은 것이다. 어쩌면 여성의 권위에 도전하고 이를 극복하려 한 노력이 남성들로 하여금 합리적이며 경쟁에 민감한 사고방식에 먼저 눈뜨도록 한 것일지도 모른다.

사회발전에 적극적으로 기여한 남성은 남녀관계에 있어 우위의 지위를 차지하였다. 여성들은 경제적, 사회적 독립성을 상실하며 남성에게 예속되어 갔다. 가족은 점점 남성을 중심으로 하여 가계가 이어졌고, 곧 가부장제도 나타났다. 남녀의 결합도 이전처럼 남·여 모두에게 자의적인 것이 아니라, 남자에 의해 여자가 '거래'되는 불평등관계로 전환되었다. 즉 여성 자신의 의지와는 전혀 관계없이, 동등한 계급 내에서는 결합하고자 하는 남자 본인이나 또는 남·여 아버지의 이해관계에 의해 결정되었고, 차별된 계급간에는 상위계급의 의사대로 이루어졌다. 차별 계급간의 결합의 경우, 이는 혼인의 의미보다는 성적 유희를 위한 의미가 더 강하였다. 이후 등장하는 처와 첩의 차별이 여기에서 기원한다.

여성이 '거래'되기 시작하며 남녀의 결합은 상당한 나이차를 수반하였다. '생산력이 좋은' 젊은 여자는 비싼 대가를 지불하여야 했으므로, 일반적으로 남성은 충분한 경제적 기반을 확보한 중년 이상의 나이가 되어야만 혼인이 가능했기 때문이다.

집단간의 전쟁에서 승리하고, 집단 내부에서도 생산수단의 배타적 소유에 성공한 전사계급은 자신들의 특권적 지위를 안정적으로 유지하기 위해 국가를 성립시키고 지배계급으로 등극했다. 같은 이유로 이들은 남성 중심의 일부일처제를 확립하고 자신의 자손과 재산을 부계 중심으로 계승시킨다. 여성은 사회적·경제적·정서적으로 남성에게 철저히 예속되며 자유의시를 억압당하기 시작한 것이다.

남성에 의해 강제적으로 유폐된 여성은 지속적으로 발생하는 새로운 여러 가지 정보와 차단되며 점차로 남성보다 '무능한' 스스로를 비하하고 성적 차별을 당연한 것으로 받아들였다. 또한 역사와 함께 제반제도가 발달할수록 상류계급의 여성들은 남성에 의해 창출된 가부장이데올로기를 확대재생산하며 구체적 제약사항을 만들어 자신과 주변 여성을 억압하는 경향을 나타냈다. '여성의 적은 여성'이라는 명제가 등장하고 있는 것이었다.

(4) 남녀 성차와 갈등에 관한 진화론적 접근

남성의 여성에 대한 억압이 일방적이고 폭력적인 성향을 보이는 것은 당시 시대적 조류와 관련이 있다. 그런데 인류학적 연구는 몇 가지 이론을 들어 남녀관계의 불평등성을 설명한다.

먼저 다윈(Darwin)의 '성선택설'이란, 유전자 존속(종족보존)을 위한 이성 선택시 수반되는 동성(주로 남성)간의 경쟁을 통해 보다 유리한 성질이 진화되었다는 것으로, 그에 따르면 마음에 드는 여성을 선택하기 위한 남성간의 경쟁으로 인해 남성이 여성보다 용감하고 호전적이고 정열적이며, 성적으로 적극적이고 지성적으로 진화했다는 것이다. 반면 여자는 양육을 주로 담당했기 때문에 사려 깊고 이타적이고 성적으로 소극적으로 진화하였다고 주장한다.

성선택설을 구체화시킨 것이 발전하여 등장한 것이 베이트만(Bateman)의 '이형배우자설'이다. 이형배우자설이란, 크기가 다른 2개의 생식세포, 즉 작고 능동적인 정자와 크고 수동적인 난자가 접합하여 2세를 생산하는데, 주로 작은 배우자(정자)가 큰 배우자(난자)에 기생하는 경향이 있다는 것이다. 난자는 크고 움직이지 않으며 영양분을 포함한 생식세포인 데 비해, 정자는 작고 움직임이 활발하며 DNA이외에는 거의 아무 것도 포함하지 않는 생식세포이기 때문이다. 인간과 같은 포유류에서 여성은 1인의 자식을 얻기 위해서 수개월을 필요로 하지만, 수컷은 그 기간에

수백만의 여성을 임신시켜 자식을 늘려 갈 수 있다. 암컷은 단지 새끼를 생산하는 속도를 빠르게 함으로써 생애동안에 자식 수를 증가시킬 수 있을 뿐이다. 암컷이 새끼에게 투자하는 것은 난자에 양분을 저장하는 형태로 나타나고, 그 후에도 수정된 알이나 새끼를 부양하는 형태로 나타나기 때문에 암컷의 투자량은 항상 수컷보다 크다. 즉 초기투자 불균형(암·수의 생식세포의 크기 차이)은 양육투자 불균형으로 진행된다는 것이다.

다윈과 베이트만의 성선택 이론은 1970년대 진화생물학에서 '친족선택이론(kin selection theory)'이 등장하며 여성(암컷)의(교미대상) 선택행위를 간과한 오류를 범한 것으로 비판받았다. 친족선택이론이란, 자신의 유전자를 후대에 존속시킬 수 있는 가능성을 증대시키기 위해 유전자를 공유하고 있는 가까운 친족의 생존과 재생산 기회를 도모한다는 것으로, 친척들간의 협동의 사례들을 설명하는 데 기여한다. 혈족선택이론을 뒷받침하는 자료를 수집하는 학자들이 실질적 이유 때문에 암컷을 중심으로 혈연관계를 추적하다 보니 영장류사회의 조직의 핵심이 암컷이라는 자료가 축적된 것이다. 이를 계기로 성선택설은, 수컷의 경쟁뿐만이 아니라 자신의 생식이득을 극대화하기 위한 암컷의 선택도 매우 중요하게 작용하는 것으로 이론이 확대되었다.

트라이버스(Trivers)는 암컷의 선택행위에 의미를 부여하며 '양육투자론'을 전개하였다. 그는 '교배투자'와 '양육투자'를 구분하여 성선택설을 보다 설득력 있게 설명하였는데, 이는 2세의 양육에 어떤 성별이 상대적으로 많은 투자를 하는가에 따라 성별교배 전략이 달라진다는 이론이다. 한 쪽의 성이 다른 쪽보다도 양육에 대해 투자를 많이 하면, 투자량이 적은 쪽은 투자량이 많은 쪽과 교미하기 위하여 경쟁하는데, 이것은 번식에 있어 암컷이 자식을 키우기 위하여 모든 것을 투자하는 데 비해 수컷은 대부분을 교배를 위하여 투자하는 양태로 나타난다. 수컷은 암컷보다 번식성공률이 높고 암컷을 찾고 차지하기 위한 경쟁이 강하게 작용하는 것도 모두 이 때문이라는 것이다.

트라이버스에 의해 정리된 성선택 이론에서 가장 관심을 집중시키는 것은 가부장제와 관련이 있는 수컷의 양육투자에 관한 것이다. 만일 새끼를 부양하는 방법에서 암수간의 나타나는 차이가 반전되면, 성 경쟁의 역할도 반전되고 암컷이 수컷을 평가하여 서로 수컷을 차지하려고 경쟁하게 된다. 암컷보다 '더 많이'는 아니더라도 일단 수컷이 양육에 투자하는 경우, 암컷도 수컷처럼 교배를 위한 동성간의 경쟁과 배우자 선택에 적극적으로 참여하게 되고, 출산능력이 없는 수컷은 부성확인에 치중하게 되며 배우자 암컷이 다른 수컷과 관계를 맺을 수 있는 가능성을 철저히 차단하게 된다는 것이다.

이것은 역사이래 현재까지의 인간사회에서 쉽게 확인되는 여성의 치장습관이나 남성에 의한 여성에 대한 정조의무 강제를 설명하는 데 좋은 논거가 되었다. 또한 본질적으로 여성과 다른 생식구조를 지닌 남성의 바람기는 사회적으로 용납해야 한다는 것을 암시하며 성차별적 인식을 지지해 왔다. 결국 수정된 성선택 이론 역시 남성편향성을 극복하기는커녕 70년대 이후 행위의 진화론적 설명에 있어서 지배적인 패러다임으로 자리잡으며 성차를 공고히 하는 역할을 한 것이다.

그러나 이후 계속된 여성학자들은 여러 자료의 축적을 통해 '서열 경쟁에 관심이 없고 성적으로 소극적인 암컷'의 이미지가 신화에 불과하다는 결론에 도달하였다. 이들에 따르면 암컷은 자신의 생식을 통제하기 위한 다양한 전략을 가지고 있으며, 수줍은 암컷이란 암컷들이 자신의 생식적 이해를 실현하기 위한 전략을 잘못 해석한 것이라는 것이다. 암컷은 수동적인 존재이기는커녕 자신의 생식 성공을 위해서 서로 연대하기도 하고 온갖 교묘한 방법으로 서열 경쟁에 참여하고 수컷을 선택하며 적극적으로 성을 추구하는 능동적 전략가라는 것이 점차 밝혀졌다. 이러한 연구 결과는 암컷 생식전략이 영장류 사회조직 구성에서 핵심적인 역할을 한다는 것을 보여주는 랭햄(Wrangham) 모델 성립의 기반이 되었다.

여성학자들의 연구성과는 기존 패러다임에 변화를 가져왔다. 수컷간의 경쟁에만 주목했던 기존 성선택 이론의 한계를 극복하고 이전에는 무시되었던 기제, 즉 암컷의 선택, 암컷의 경쟁, 수컷의 선택을 포함하는 공동진화(coevolution)의 개념을 만들어냈다. 이것은 보다 포괄적인 이론적 전망을 수립함으로써 영장류행동학에서 양성관계에 대한 균형 잡힌 시각을 확립하는 데 기여하였다는 평가를 받고 있다.

이상의 진화론적 설명은 역사이래 발생한 남녀간의 불평등과 차별을 이해하는 데 많은 도움을 준다. 그러나 여느 동물과는 달리 매우 복잡한 문화적 요인이 지대하게 작용하는 인간의 행위를 생물학적 유전정보만으로 설명하는 것은 무리가 있다. 다만, '과학'의 상징으로 표현되는 진화론조차도 아직 남성편향적 가치관에서 완전히 탈피하지 못하고 있음을 인지하고 이를 극복하기 위한 많은 논의들이 이루어지고 있는 중이므로, 인문학과 자연과학을 결합한 인류학적 접근의 향후 연구성과는 충분히 기대해볼 만하다고 하겠다.

2. 신화 속의 여성

신화란 문자가 발명되기 이전시대 인간의 사회적 경험을 객관화한 것이다. 즉 원시시대 인간 사유방식의 총체라고 할 수 있다. 신화는 오랜 기간 구전으로 전승되어 왔기 때문에 내용에 있어 특정 사건을 통해 누대의 관념체계를 상징적으로 나타낸다는 특징을 보인다. 또한 현재 우리에게 전해진 신화는 문자로 기록된 것이므로, 기록 당시의 의도와 가치관도 다분히 반영되어 있음을 간과할 수 없다.

문자 기록이 시작되고 국가가 성립된 이후 여성은 사회의 중심에서 의도적으로 배제되었다. 여성의 주도적 역할은 사실 여부와 관계없이 부인되고 외면되었다. 사회 속에서 대외적 지위를 상실하고 가정으로 유폐된 여성들은 점차 정사(正史)의 기록에서 사라져가며 그림자 같은 존재가 되어 갔다. 그러나 세상의 반쪽 여성의 실제적 영향력은 강력한 가부장 이데올로기도 어쩔 수 없는 것이어서, 여성의 업적은 인구에 회자되어 전설이 되거나 남성 중심의 기록 사이사이에 남겨져 전해졌다.

여성사적 의미에서 신화는 문명 이전 시대 남녀관계 원형과 문명 이후 여성의 실제적 위상을 알려주는 단서로 작용한다. 고대의 시조신화(건국신화)에서 빠짐없이 나타나는 신모(神母)적 여성의 모습과 고대국가 시기 민간에서 나타난 신화에서 여성신의 등장이 잦다는 사실은, 신석기 초기의 여성에 대한 신성관념이 강력한 가부장이데올로기가 출현하고 치열한 각축의 시대에 접어들어서도 소멸되지 않고 사회 저변에 남아있었음을 알려준다.

(1) 시조(始祖)신화

국가가 성립되며 더불어 나타나는 시조신화는 정제된 지배사상이 등장하기 이전까지 지배집단의 권위를 정당화하기 위한 통치 이데올로기로 작용한다.

여성과 관련하여 여러 시조신화에서 공통적으로 나타나는 모티브는 최초의 인간 지배자가 신성한 기운을 가지고 있는 여성의 몸을 통해 탄생된다는 것이다. 여기서 여성은 절대적 권위를 가지고 있는 신의 혈통을 인간에게 전해주기 위한 중개자로서 등장한다. 그런데 아버지로서의 신이 그 혈통만 남겨두고 다시 신계(神界)로 돌아가 버리는 데 비해 어머니로서의 신성한 여성은 그 아들인 정치적 지배자와 더불어 인간계(人間界)에서 생을 영위한다. 즉 반신반인(半神半人)의 모습이다.

이것은 사회가 원시공동체로부터 지배·피지배계급이 발생하는 권력구조로 변환되는 과정에서 집단의 주도권이 여성으로부터 남성에게로 옮겨가는 것을 반영해주고 있다. 즉 원시공동체사회에서 신과의 영적 교류자 역할을 담당하며 집단을 이끌던 여성은 물리적 권력투쟁이 시작되며 그 우월한 지위를 남성에게 넘겨줄 수밖에 없었던 것이다.

남성은 국가가 성립되며 드디어 권력자로서의 지위를 점유하게 되었다. 이것은 정치적 지배자인 왕의 경우에서 가장 상징적으로 나타난다. 그러나 원시시대부터 전수된 관습적 사고로부터 완전히 자유로울 수는 없는 것이어서, 신모(神母)의 지위를 지닌 여성으로부터 모자(母子)관계를 표방하며 신성혈통의 제사장 지위를 계승하고 세속의 권위를 향유한 것이다.

① 단군신화 속의 웅녀

기록에 남아있는 신화 가운데 가장 이른 시기의 것이 바로 단군신화이다. 여기서 여성은 신모(神母)의 모습을 보이고 있다.

> …… 환웅천왕(桓雄天王)이 …… 태백산(太伯山) 꼭대기 신단수(神檀樹) 밑에 내려와서 신시(神市)라 이름 붙이고 다스렸다. …… 곰 한 마리와 범 한 마리가 신웅(神雄)에게 사람되기를 빌었다. …… 여자가 된 곰이 단수(檀樹)밑에서 아이 배기를 축원하니 환웅이 임시로 변하여 그와 결혼해 주었고 그로 인하여 임신하여 아들을 낳았다. 이름을 단군왕검이라 하였다.
>
> 『삼국유사』 권 제 1, 기이 제 1, 고조선 왕검조선조.

환웅은 절대주재신인 환인의 아들로 성별상 남성에 해당된다. 그러나 웅녀와 관계를 맺기 위해 '가화(假化)' 했다고 하는 표현이 등장하는 것을 볼 때, 분명 인간의 성별을 초월하는 '신격(神格)'을 갖고 있는 존재이다. 신화에서는 구체적으로 드러나지 않고 있지만, 웅녀와 관계를 맺고 임신시킨 후에 다시 신격으로 회복했음은 분명하다.

웅녀는 지상인들 가운데 환웅과 가장 긴밀한 관계를 가진 존재이다. 축원했기 때문이라고 하지만, 다른 인간이라고 기원할 소망이 없었겠는가? 남달리 '신성'함을 지닌 웅녀였기 때문에 환웅이 특별히 그의 축원에 응답한 것이다. 단군왕검조차도 평생 그 아버지인 환웅을 실제로 대면한 적이 없다는 것은, 웅녀의 특별한 신성을 짐작케 한다.

신화의 내용상, 웅녀의 신성함은 곰에서 인간으로 변신할 때 환웅의 손길이 미쳤던 것에 기인한다. 인간으로 재탄생하는 순간부터 이미 신성한 존재인 것이다. 이것은 신성함을 지닌 인간으로 여겨져 숭배되었던 존재가 주로 여성이었던 이전시대, 즉 신석기시대의 상황을 반영하는 것으로 볼 있다. 즉 신석기시대 발생한 토테미즘과 여신숭배 사상에 따른 여제사장의 권위가 국가 성립기까지 전승되고 있었음을 의미한다.

그러나 국가가 성립된 이후, 즉 계급이 출현한 이후부터는 가부장권이 확립되며 남성들에 의한 일체의 권력장악이 진행됨에 따라, 종교적 숭배대상 역시 남성화되어 갔다. 단군으로 상징되는 인간계의 남성 지배자는 실제의 정치적 군사적 권력뿐만이 아니라 종래의 신성적 권위도 획득하기 위해 신(환웅)의 혈통을 내세웠다. 기존의 여제사장 권위를 극복하고 새로운 자신만의 카리스마를 확립하기 위해 여제사장의 주도 하에 숭배했던 기존의 신

(아마도 여신)보다 상위에 군림하는 신을 창출할 필요가 있었기 때문으로 보인다. 즉 웅녀와 환웅의 관계를 빌어, 인간이 이전시대에 숭배했던 여신과 여제사장은 보다 상위 신의 주재 하에 있는 것이고, 자신에게 혈통을 이어준 신이 바로 그 상급신이므로 자신은 기존의 여제사장보다 신성에서 우월하다는 것이다.

이 때 상급신에게 남성성을 투영한 것은 두 가지로 원인을 찾아볼 수 있다. 먼저 사회의 공식적 지위 일체를 남성이 독점하는 시대적 분위기에 따라 자연스레 '신=남성'이라는 관념이 발생한 것이다. 두 번째는 피지배집단민의 종교적 반발에 따른 이탈이나 사상석 유리화를 방지하기 위해 기존의 관념체계를 포용할 필요가 있었는데, 웅녀를 어머니의 지위에 올려놓고 상급신에게 아버지로서의 남성성을 부여함으로써 사상적 융합과 지배집단의 우월함 과시라는 두 가지 목적을 동시에 도모한 것이다. 생산에 있어 남성의 역할을 인식하기 시작했다는 점도 주목할만한 사항이다.

이후 단군의 지위가 모계와 부계 중 어느 쪽을 중심으로 이어졌는가는 정확히 알 수 없지만, 단군신화에서 나타난 남성중심적 가치관은 부계제의 가능성을 높여준다.

단군신화는 신석기에서 청동기시대로 이르는 동안의 인간관계 변화가 고스란히 반영된 것으로, 가부장제의 출현 모습을 상징적으로 보여주고 있다고 하겠다.

② 주몽신화 속의 유화

단군신화보다 후대에 출현한 주몽신화는 보다 엄중한 가부장주의를 보여주고 있다. 또한 단군과 달리 주몽은 물의 신을 어머니로 하여 태어났다. 농경과 보다 밀접한 문화권에서 출현한 것임을 짐작해 볼 수 있다.

> …… 이때에 금와가 태백산 남쪽 우발수(優渤水)에서 한 여자를 만나 물으니, "저는 하백(河伯)의 딸 유화(柳花)라고 하는데, …… 한 남자가 천제의 아들 해모수라 하면서 웅신산(熊神山) 밑 압록강가에 있는 집안으로 유인해가서, 몰래 정을 통해놓고 가서는 되돌아오지 않았습니다. 부모님은 제가 중매 없이 혼인한 것을 꾸짖어, 마침내 이곳으로 귀양보냈습니다." …… 금와가 그녀를 이상히 여겨 방 속에 가두었는데, 햇빛이 피해도 따라가며 비추더니 태기가 생겨 알 하나를 낳았고 크기가 닷되들이만 했다. …… 한 아이가 껍질을 부수고 나왔는데, 골격과 외양이 특이하고 기이했다. 스스로 활과 살을 만들어 백 번 쏘면 백 번 다 맞혔다. 그 나라의 풍속에 활을 잘 쏘는 것을 주몽이라 하여 이름을 주몽이라고 지었다.
>
> 『삼국유사』 권 제 1, 기이 제 1, 고구려조.

주몽신화는 단군신화보다는 사회발전 단계가 다소 진전된 다른 집단, 또는 동일집단의 후대 상황을 반영한 것으로 보인다. 그 이유는 남성과 여성의 차별이 극명하게 나타나고 있는 데다가 수신(水神)을 의미하는 유화에게 추방을 명한 하백이라는 근엄한 아버지를 설정해 놓음으로써 유화라고 하는 여성의 자체 신성가치를 떨어뜨리는 치밀함을 보이고 있는 것이다.

유화가 해모수에게 성적으로 유린당하고 뒤이어 금와에게 유폐 당하는 등 강제적이고 일방적인 수모와 억압을 연이어 겪는데 비해, 해모수나 금와는 유화의 의사와 전혀 상관없이 임의대로 유화를 취한다. 비록 집에서 쫓겨났다고는 하나 엄연히 하백의 혈통을 이어받은 존귀한 신분임에도 불구하고 말이다. 유화가 해모수나 금와에 못지 않은 신분, 즉 그들과 같은 계급에 속해 있음에도 불구하고 이렇게 대비되는 입장에 처해 있는 것은, 이미 남녀간의 차별이 깊숙이 신전되어 있다는 것을 반영한다. 일부다처의 모습도 함께 보인다.

유화를 하백의 딸로 표현한 것 역시 가부장권이 상당히 심화되어 있음을 의미한다. '중매 없이' 혼인한 것 때문에 추방되었다는 구절은 다분히 유교적인 색채를 띠는 것이다. 하지만 이는 '가부장의 허락 없이' 혼인한 것에 대한 응징으로 보는 것이 옳다. 즉 아무리 신분이 높은 여성이라고 하더라도 그 신분의 존귀함은 어디까지나 그 가부장에게서 비롯된 것이므로 가부장의 처분대로 움직여야 하는 것이 당시 여성의 운명이었던 것이다.

유화가 뛰어난 기질을 갖고 있는 주몽을 낳았지만 결국 금와의 나라에서 떠나보낼 수밖에 없었던 것은, 가부장제 아래에서의 계승의 원칙, 즉 권력 있는 남성이 여러 여성을 취하여 많은 자손을 낳더라도 정처(正妻)의 자손에게만 자신의 권위와 재산을 계승하게 하는 배타적 계급유지의 원칙이 철저히 지켜진 것이다.

이는 선위(禪位)의 양식으로 왕위를 이었다는 요순(堯舜) 고사의 평등시대와는 거리가 멀다는 것, 또한 단군신화 시대보다도 계급분화가 더욱 심화되었다는 것을 의미한다. 즉, 고대국가의 신화 중 가장 국가적 완성도가 높은 선진성을 보여주고 있다고 파악해 볼 수도 있다.

한편 고구려의 주몽신화는 그 모체격인 부여(夫餘)의 동명신화를 원용하고 있다. 그런데 부여의 동명신화에서 나타나는 여성의 모습은 좀 다르다.

> 북이(北夷) 탁리국(槖離國) 왕의 궁녀(侍婢)가 임신하여 왕이 죽이려고 하자 대답하기를, 달걀만 한 크기의 기(氣)가 하늘로부터 오더니 임신이 되었다고 하였다. …… 왕이 그를 죽이려고 하자 달아나 남쪽의 엄표수(掩淲水)에 이르렀는데, 활로 물을 치자 물고기와 자라들이 부상하여 다리를 만들었다.
>
> 『논형(論衡)』 권 제 2, 길험(吉驗) 제 9.

주몽의 어머니인 유화와 비교하여 가장 큰 차이점은 그 출신이 결코 신성하지 않은 노비 신분의 인간에 불과하다는 것이다. 한낱 비천한 여인이 신기(神氣)를 받아 장차 왕이 될 신성한 아이를 낳을 수 있었다는 것은 생산에 있어서 여성의 의미가 축소되고 남성의 역할이 강조된 것으로 이해할 수 있다. 즉 여성은 생산에 있어서 하찮은 도구에 지나지 않는 것이고 출생한 아이는 그 아버지에게 소속되는 것이다.

동명의 비범함이 전적으로 그 아버지 신으로부터 부여받은 것이었고, 그에게 있어서 어머니의 존재는 큰 의미가 없는 것이었기 때문에, 후에 주몽의 어머니 유화가 고구려의 신모로서 국가적 추앙을 받은 것과는 달리 동명의 어머니는 이름조차 남기지 못했다.

여성의 가치가 이처럼 미미한 것은, 시기적으로 고구려보다 먼저 출현한 부여에서의 가부장제가 오히려 더 강력한 것이었음을 보여준다. 이는 부여가 유목의 전통을 강하게 지니고 있었던 것과 관련이 있다. 부여 사회가 신석기시대 농업혁명을 직접 치러내지 않았기 때문에 여성의 신모적 위상을 경험할 집단적 기회가 없었고, 이 상태로 국가 단계로 진입하자 계급분화의 진전과 더불어 여성의 가치는 더욱 하락한 것이다.

③ 비류와 온조의 어머니 소서노

백제의 시조인 비류(沸流)와 온조(溫祚)의 어머니 소서노(召西奴)는 고구려 상류계급의 여성이었다. 그런데 『삼국사기』에 기록된 백제의 시조신화에서는 소서노 자신에 관한 것이나 비류와 온조의 출생에 있어서 신비적인 요소가 전혀 드러나고 있지 않다.

> 그 어머니는 소서노는 졸본 사람 연타발의 딸이다. 처음에 우태(優台)에게 시집가서 두 아들을 낳으니, 첫째가 비류이고 둘째가 온조였다. 우태가 죽자 졸본으로 돌아와서 살았는데, …… 주몽은

> 소서노를 아내로 맞아 왕비로 삼았는데, 창업의 토대를 마련할 때 많은 내조가 있었으므로 주몽은 그를 아끼고 특별히 후대하여 비류 등도 자기 아들처럼 여겼다.
>
> 『삼국사기』 권 제 23, 백제본기 제 1, 시조온조왕조.

주몽과 비류·온조와의 관계는 『삼국사기』에서도 이밖에도 몇 가지 서로 다른 설을 기록하고 있다. 어느 것이 정확한지는 김부식조차도 알 수 없다고 하였지만, 소서노와 관련된 기사는 흥미로운 사실을 전한다.

먼저 우태와 사별한 소서노가 자신의 아이들을 데리고 친정으로 돌아왔다는 것은 상류계급 내에서도 모계제가 존속하고 있었다는 사실을 알게 한다. 가부장제가 확립되면 아내와 자식들은 남편의 사망 이후에도 여전히 남편 집안에 귀속된다. 그런데 소서노의 경우를 보면 고구려의 성립기에는 아직 강력한 가부장제가 시행되지 않고 있음을 알려준다. 또한 주몽과 재혼한 소서노가 자신의 자식들을 그대로 양육하고 있었고, 주몽도 이를 흔쾌히 수용한 점은 모계의 관습이 당시 일반적으로 행해지고 있었을 것이라는 추측을 가능케 한다.

다음으로 국가 창업에 소서노가 상당한 비중으로 공헌했다는 것은 당시 여성에게도 일정한 재산권(상속권)이 인정되고 있었음을 보여준다. 물론 소서노 개인이 아닌 소속 혈연집단의 이해관계가 맞물려 있었기 때문이기도 하겠지만, 소서노가 주몽의 사후 권력의 핵심에서 밀려나게 되는 것을 보면, 그의 주몽과 고구려

건국에 대한 공헌이 집단적 차원이었던 것이기보다는 개인적인 의미가 더 강한 것이었다고 생각된다.

기록상 고구려와 백제의 지배집단이 모두 부여에서 그 국가와 종족적 기원을 밝히고 있지만, 실제 토착민의 사회적 기반은 서로 다른 것이었다는 사실을 보여주는 것이라 하겠다. 고구려가 이후 잦은 전쟁을 통해 강력한 가부장제를 확립해갔음에도 불구하고 국가 멸망기까지 유화에 대한 신모숭배사상을 유지한 점이나, 남쪽 평원지대로 이주한 백제의 지배집단이 농경이라는 경제적 기반을 배경으로 모계적인 시조신화를 유지할 수 있었던 것은 모두 고구려의 지역에 강하게 남아있던 모계제의 관습 때문이라 할 수 있다.

④ 혁거세와 알영

신라의 시조신화에서 초대왕후로 등장하는 알영은 앞서 설명한 웅녀나 유화와는 좀 다른 지위를 드러내고 있다. 남녀간의 차별이 없이 왕과 대등한 존재로 취급되고 있는 것이다.

> …… 6부의 조상들이 알천의 언덕 위에 모여서 임금을 세우는 것에 대해 의논할 때 양산(楊山) 밑 나정(蘿井) 곁에 이상한 기운이 있었다. …… 붉은(혹은 푸른) 알 한 개가 있는데, …… 사내아이가 나왔다. …… 이는 서술성모(西述聖母)가 낳은 바니, 그러므로 중국 사람들이 선도성모(仙挑聖母)를 찬양한 말에 현인을 낳아 건국했다는 말이 있음은 이것이다. …… 이제 천자(天子)가 하늘에서

> 내려왔으니 마땅히 덕 있는 왕후를 찾아서 배필을 삼아야 할 것이라고 했는데, 이날 사량리(沙梁里) 알영정(閼英井)가에 계룡이 나타나 왼쪽 갈비에서 계집애를 낳았는데 모습과 얼굴은 유달리 고왔으나, 입술이 닭의 부리와 같았다. 월성북천(北川)에 가서 목욕시키니 부리가 떨어졌다. …… 남산 서쪽에 있는 산기슭에 궁실을 짓고 두 성스러운 아이를 받들어 길렀다. 사내아이는 알에서 나왔으며, 그 알은 박과 같았다. 향인(鄕人)들은 박을 박(朴)이라 하는 까닭으로 그로 인하여 그 성을 박이라 했다. 계집아이는 그가 나온 우물 이름 알영으로써 이름을 지었다. 두 성인의 나이 열세 살이 되자 남자는 왕이 되고, 그 여자로 왕후를 삼았다.
>
> 『삼국유사』 권 제 1, 기이 제 1, 신라시조 혁거세왕조.

알영은 그 출생에 있어서 왕인 혁거세와 동등한 상서로움을 보인다. 혁거세의 출생에는 주몽신화와 같은 북방계 신화에서 자주 보이는 일광감응(日光感應)과 난생(卵生)의 모티브에 유목민의 전통이 엿보이는 '말의 비호'가 나타난다. 이러한 신화구조는 신라의 국가성립기 북방계 이주민이 지배계급으로 대두한 것을 반영하는 것으로 흔히 파악한다. 하지만 여기에서는 일단 국가기원문제를 차치하고 알영의 출생과 비교해 보겠다.

알영은 하늘에서 내려온 것으로 상징되는 혁거세에 대비되어 땅(물)에서 출현하는 것으로 비정되어 있다. 그러나 그 출생은 여느 인간들과 다르게 신비롭다. '계룡(鷄龍)'이 정확히 무엇인가에 대한 논의는 아직 분분한 상태이지만, 글자대로 파악해 본다면 닭으로 대표되는 조류와 용으로 상징되는 수신(水神)의 복합체를 의미하는 것으로 생각해 볼 수 있다. 여기서 용의 경우 흔히 '용왕'으로 일컬어지며 수신을 상징하는 것은 많은 설화에서 확인해 볼 수 있으므로 의심의 여지가 없다. 그런데 이 용왕이라는 수신은 단순히 농경만을 의미하지는 않는다. 용왕은 물의 세계만을 한정적으로 주관하는 것이 아니라 물과 더불어 살아가는 인간들을 주재하는 신으로 흔히 묘사된다. 즉 강이나 바다 인근에 사는 사람들은 모두 용왕의 영향권 내에서 살아가는 것인데, 사막이나 스텝지역이 아닌 이상 대부분의 인간은 물을 끼고 살아가므로 결국 거의 모든 인간이 이 용왕의 주재 하에 있는 것이다. 용왕은 결코 천제(天帝)에 크게 뒤지지 않는 권위를 지니고 있는 존재라는 것이다. 신라의 중심지인 경주가 깊은 동해 바다와 인접해 있음도 함께 고려할 사항이다.

그런데 알영의 출신성분에는 계(鷄)라고 하는 조류가 덧붙여졌다. 계룡의 태생이라든지 태어날 때 닭의 부리를 지니고 있었다든지 하는 표현이 그것이다. 알타이계 신화 속에서 조류는 천제와 인간과의 사이에서 매개체 역할을 하는 존재이다. 고대인들은 훨훨 자유로이 공중을 날아다니는 새를 보며, 태양이 떠있는 하늘 저 어디엔가 있을 천제와 지상에서 발을 떼지 못하는 인간의 중개자로 인식한 것이다. 알타이 문화가 전파되며 이 조류숭배사상의 영향을 받은 여러 종족들은 각기 특정한 조류를 비정하여 신성한 새로 숭배하였는데, 신라의 경우 이것이 닭으로 표현된 것이다. 그럼 왜 하필 닭일까? 이 역시 의견이 분분하지만, 여기에서 생각해 볼 수 있는 것은 '날지 못하는' 새인 데다가 알도 잘 낳기 때문[다산]으로 파악된다. 이렇게 파악해도 다시 두 가지로 해석할 수 있다. 북방계 이주집단이 들어오기 전 신라토착민들이 지니고 있던 신앙 속에 날개는 있으나 인간처럼 날지 못하는, 그래서 더욱 친근하고 고마운 닭에 대한 숭배사상이 포함되어 있었거나, 혹은 조류에 대한 숭배사상이 뒤에 들어온 여러 토테미즘이나 신성스런 동물숭배 사상에 밀려나 한 단계 격하된 것으로 생각해 볼 수 있는 것이다. 전자의 경우 닭을 신이 준 선물로 생각해 성스럽게 대하는 것이고, 후자의 경우 다른 신 또는 신성스런 동물과 고유의 숭배대상을 차별하기 위해 후대에 의도적으로 왜곡한 것인데, 후자의 가능성은 왕과 왕비에 대한 차별적 개념이 있었다는 전제가 있어야 한다. 여기서 어느 쪽이 옳은 것인지 단정지을 수는 없으나, 여하간에 '계'라는 것이 신라 고유의 숭배대상이었던 것은 확실하다 하겠다.

알영은 결국 신라토착민들이 오래도록 숭배했던 신의 딸이라는 결론이 나온다. 그런데 위에서 설명했듯이 알영은 결코 혁거세에 뒤지지 않는 신성함을 지녔다. 그것은 신화 서두에 6부족장이 모여 의논했다는 구절에서 알 수 있듯이 혁거세신화가 출현한 무렵의 신라사회가 아직 원시공동체적인 전통을 다분히 유지하고 있었다는 것을 반영한다. 북방계 이주민이 들어와 지배계급으로 머물게 되지만, 그들의 정착에는 토착민에 대한 폭력적 억압과 강제보다는 토착민과의 타협이 지배적인 요인으로 작용한 것이다.

신라지역으로 들어온 북방계 이주민들은 그들이 가지고 들어온 선진문화 덕에 신라의 토착민에게 일정한 우대를 받기는 했으나, 아직까지 폭력과 강제력을 수반한 착취나 수탈은 이루어지지 않았음을 의미한다고 하겠다. 이러한 이유로 주지하는 바와 같이 신라는 혁거세에 이어 이성(異姓)인 탈해나 알지 등의 새로운 지배집단이 등장한 것이고, 공동체의 전통이 상대적으로 강하게 유지되었기 때문에 이성지배집단의 시조신화가 멸망 때까지 이어지게 되는 것이다.

집난간의 평화로운 공조상태는 구성원간의 관계에도 반영되어, 남녀관계도 평등하게 유지되었다. 위에서 제시하지는 않았으나 혁거세와 관련된 기록에 의하면, 알영은 혁거세와 거의 모든 행사・업무에 동참하여 사람들이 '이성(二聖)'이라 불렀다고 한다. 이것은 사회적, 정치적, 경제적 활동에 여성이 배제되지 않았음을 반영하는 것이고, 또한 사람들의 생각 속에도 아직 '차별'이라는 개념이 발생하지 않았음을 의미한다고 할 수 있다.

(2) 설화 - 여신의 활약

일연은 『삼국유사』에서 혁거세와 알영의 출생부분에 관한 서술 중 '서술성모(西述聖母)'와 '선도성모(仙桃聖母)'에 관하여 언급하고 있다. '성모'는 신통력으로 인간들을 도와주다가 급기야 '현인(賢人)'을 낳아 건국하게 한다. 이것은 계급이 출현하기 이전 시기 여신에 대한 숭배가 중국에서도 일반적이었음을 함께 시사한다.

특히 신라의 경우 불교가 융성한 후대까지도 여신과 관련된 설화가 자주 나타나고 있는데, 이는 신라가 여신에 대한 숭배사상을 후대까지 지속하고 있었음을 반영하는 것이고, 더불어 여성의 사회적 위상 역시 일정 수준으로 유지되고 있었음을 알게 해준다.

① 연오랑(延烏郞)과 세오녀(細五女)

일월신화(日月神話)의 흔적을 간직하고 있는 이 설화는 남성과의 차별 속에서도 일정한 신성성을 지닌 여성의 위상을 보여준다.

> 신라 8대 임금 아달라(阿達羅) 왕 때 동해 바닷가에 연오랑(延烏郞)과 세오녀(細烏女) 부부가 살고 있었다. 어느 날 바다 위에 홀연히 바위 하나가 나타나자, 연오랑은 이것을 타고 일본으로 건너갔다. 일본에서는 바위를 타고 온 이 사람을 왕으로 모셨다. …… 세오녀도 일본으로 건너가 남편을 만나 왕비가 되었다. 그런데 이 부부가 신라를 떠나 뒤부터 해와 달이 빛을 잃었다. …… 천문을 맡은 신하가 말하기를, "해와 달의 정령이 우리나라에 있다가 이제 일본으로 갔기 때문에 이런 변괴가 생기는 것입니다."라고 하였다. 왕은 연오랑 부부를 귀국시키기 위해서 사신을 일본에 파견하였으나, 연오랑은 "우리가 여기에 온 것은 하늘의 뜻이니, …… 나의 아내가 짠, 가는 명주를 줄 터이니 이것을 가지고 가서 하늘에 제

사하면 해와 달이 다시 빛을 발할 것이요."라고 말하며 그 비단을 주었다. 사신이 그 비단을 가지고 와서 하늘에 제사했더니 과연 해와 달이 옛날같이 빛났다고 한다. 그래서 그 명주를 국보로 모시고, 그 창고를 귀비고(貴妃庫)라 했고, 제사지낸 곳을 영일현(迎日縣)이라고 하였다.

『삼국유사』 권 제 1, 기이 제 1, 연오랑 세오녀조.

이 설화는 연오랑을 해로, 세오녀를 달로 비유한 것으로 오인하기 쉽다. 그러나 우리는 아내인 세오녀까지 나라를 떠나니 해와 달이 빛을 잃었다는 것에 주목해야 한다. 여성이 해와 달로 상징되는 '빛'을 총괄한다는 것이다. 세오녀가 짠 명주로 제사하여 광명을 되찾았다는 점은 이를 더욱 확실하게 한다. 또한 일본의 '천조대신(天照大神)' 역시 여신이고, 태양을 상징하는 아메노히보꼬(天日槍)의 신화에서도 태양이 여성임을 암시하고 있다. 신라의 왕자였던 그(天日槍)가 해의 정기를 받은 처녀가 낳은 알에서 나온 처녀와 혼인하였는데 얼마 후 아내를 박대하자 아내는 일본으로 건너가고, 그도 따라갔다는 이야기이다.

신라는 3국 중 가장 길쌈이 발달되어 있었다. 길쌈은 국가적 중요산업으로 취급되었고 왕비가 나서서 이를 관장하고 있었음은 주지하는 바이다. 신석기 시대 농경을 통해 집단의 생존에 새로운 희망을 가져다 준 여성이 또한 길쌈을 통해 견고한 경제적 기반을 마련해 주었으니, 신라에서 여성의 신성적 위상은 국가체제 구축 이후에도 일정한 수준을 유지할 수 있었던 것이다.

② 김유신(金庾信)과 나림(奈林)·혈례(穴禮)·골화(骨化)

신라의 명장이고 삼국통일의 주역인 김유신과 관련하여서는 많은 설화가 전해져 온다. 그 중 그와 신라를 위기에서 구한 호국신에 관한 것이 있는데, 그 신은 여성이었다.

> 백석(白石)이란 낭도(郎徒)가 김유신의 고구려·백제 정벌계획을 미리 알고 함께 적진 정탐하기를 청하였다. 김유신이 흔쾌히 백석을 데리고 정탐하러 가는 길에 고개에 이르러 쉬는데 두 여인이 나타나 따라왔고, 골화천에 이르러 머물 때 또 한 여인이 나타났다. 세 여인은 김유신과 정담을 나누다가 숲으로 유인하였다. 숲 속에서 세 여인은 신의 모습을 드러내더니, "우리는 나림·혈례·골화 등 세 곳의 호국신인데, 지금 적국 사람이 그대를 유인하고 있음에도 알지 못하고 있으므로 우리가 이곳에 온 것이다."라고 말하고는 사라져 버렸다.
>
> 『삼국유사』 권 제 1, 기이 제 1, 김유신조.

화랑의 시초격인 원화제도가 여성으로 구성되어 있음은 주지하는 바이다. 신라가 바야흐로 고대국가 체제를 완성하고 고구려·백제와 치열한 각축전을 벌이기 시작하며 전문적인 전사계급을 육성할 필요가 발생하자 남성으로 대치한 것이다. 물론 신라의 경우 지배계급 내의 공동체 의식이 강하였으므로 화랑은 일종의 사교집단으로서의 기능도 갖고 있었지만, 화랑제도가 남성 중심으로 개편되는 무렵부터는 전쟁의 지속과 더불어 사회 전체에 남성의 역할이 중요시되고 있었음을 쉽게 추측해볼 수 있다.

그러나 신라에서의 여성의 위상은 특유의 공동체 의식과 길쌈이라고 하는 국가적 산업을 배경으로 하여 여전히 강력한 것이었다. 같은 시기 여왕이 둘이나 연이어 등극한 점이나, 김유신 개인의 차원을 넘어 국가적 위기에 봉착했을 때 절대적 기여를 한 것이 여성이라는 믿음은 이러한 신라의 여성상을 반영한 것이라 할 수 있다.

Ⅲ. 고대의 여성

고대국가는 장자상속제의 확립으로 상징되는 왕권강화, 백관공복제와 신분제도를 포괄하는 계급세의 심화, 율령체제를 근간으로 하는 제도의 확립, 물적 기반 확대를 도모한 영토확보 전쟁, 그리고 시조신화 이데올로기를 초월한 사상의 통합 등을 그 특징으로 한다.

개인간, 국가간 치열한 우위다툼을 벌이는 동안 여성의 위상은 점점 미미한 것이 되어갔다. 일정수준 이상의 인구가 형성되자 여성의 출산능력은 더 이상 존엄한 것이 아니었고, 대량의 전사자 발생으로 남성의 희소성이 상승하며 여성의 가치는 상대적으로 하락했다.

그러나 한국사에 있어서 고대는 보편적 흐름 속에서도 국가마다의 특징이 더 빛나는 시기였다. 각 국가의 성립시기나 지정학적 위치, 산업을 결정하는 자연환경 등이 서로 달랐기 때문이었다. 이러한 국가적 개성 속에서 각국의 여성 위상도 각기 다른 측면을 보였다. 일률적으로 높거나 낮은 차원이 아니라 각국의 상황에 따라 여성의 위상은 복잡한 양상을 띠었다.

1. 부족연맹국가 시대

(1) 고조선

고조선은 우리 민족사상 최초의 국가이다. 그러므로 원시공동체의 유습이 아직 완전히 사라지지 않았을 것임을 짐작할 수 있다. 그러나 국가가 성립된 이후이므로 계급의 철저성 역시 생각해야 하는 조건이다. 지금까지 남아 있는 고조선에 관한 짧은 기록을 보면 이러한 양면적 특징이 모두 드러나고 있다. 즉 고조선은 원시공동체사회에서 계급이 고착화되는 고대국가로 전환되어가는 과도기로 파악할 수 있다.

원시공동체적인 특징이 나타나는 기록은 아래와 같나.

> 시집가고 장가가는 데 원수를 가리지 않는다.(嫁取無所讐)
>
> 『한서』 권 28, 지리지 제 8, 하 2.

고대의 지배계급은 그 생산수단(군사력 포함)의 배타적 소유, 즉 사유를 통해 유지되고 성장한다. 즉 계급의 격차는 정치적·사회적·경제적 지위의 격차를 수반하는 것이다. 국가가 성립될 상황이라면 이미 지역집단간은 물론 동일집단내 구성원간에도 서열화가 이루어졌음을 의미한다. 이렇게 계급이 형성되고 계급간의 서열화가 진행된 이후 통혼(通婚)은 대개의 경우 동급의 계급내혼을 행한다. 상층계급일수록 이러한 경향은 더욱 강하게 나타난다. 어렵게 쟁취한 지위를 자자손손 유지하거나 기회를 틈타 더 높은 신분으로 상승하기 위해서는 자신의 조건을 끝없이 호전시켜야 하는데, 자신보다 아래 계급에서 배우자를 맞아들여 신분이 하락될 수도 있는 위험을 자초하려 들지는 않기 때문이다. 계급내혼은 치열한 계급사회에서 이해관계가 합치한 가장 믿음직한 동지를 얻는 것이다.

계급내혼의 경우 대개는 정략적으로 이루어지므로 혼인당사자들의 의사와는 상관없이 양쪽 가부장의 이해관계에 따라 정해지는 것이 일반적이다. 그런데도 불구하고 위의 기록에 따르면 고조선에서의 결혼은 당사자의 의사가 상당히 존중되었다. 이는 원시공동체사회에서의 자유연애혼의 유습이 잔존하고 있어 제도적으로 제재를 가할 수 없었던 사회분위기를 반영한 것으로 보인다.

반면 남녀 차별적인 구절이 보여 당시 사회가 가부장제의 풍속을 가지고 있었다는 것을 알게 한다.

> 부인은 정조와 신의가 있고 음란하거나 편벽된 짓을 하지 않는다.(婦人貞信不淫辟)
>
> 『한서』 권 28, 지리지 제 8, 하 2.

조선시대처럼 모든 여성의 정조를 강조한 것이 아니라 결혼한 여성을 가리키는 것으로 보아 아직 정조이데올로기가 극에 치달은 상태는 아니라고 할 수 있다. 그러나 결혼한 남성은 제쳐두고 유독 여성에 관한 기록이 남아있는 것은 우리에게 두 가지의 가능성을 생각하게 한다.

우선 이 기록을 남긴 주체가 중국인이라는 것이다. 중국은 한대(漢代) 이래로 유교(儒教)사상을 국가의 기본이념으로 삼으며, 종법제(宗法制)를 인간관계의 기준으로 제시하였다. 종법제란 '남계혈족(男系血族) 즉 본종(本宗)은 백대(百代)에 이르더라도 일가(一家)로 대한다'는 혈연관계를 중요시하는 사상에서 비롯된 제도로서 가부장제와 밀접한 관련이 있다. 종법제에서는 남성을 기준으로 하여 인간관계를 설정하는데, 만약 여성이 이혼 또는 사별 등의 이유로 그 자손을 데리고 다른 남성과 재혼할 경우 이부형제(異父兄弟)가 생겨날 수 있고, 이렇게 되면 종법제를 시행하는 데 혼란이 발생할 수 있다. 그러므로 종법제 질서의 안정적인 유지를 위해서는 여성에게 평생 한 남자에게 예속되어야 하는 의무가 부여된 것이다. 여성의 정조나 절개라는 개념도 이에서 비롯되었고, 시간이 지남에 따라 이것은 당연히 갖추어야 할 부덕(婦德)으로 치부된 것이었다. 이런 강력한 가부장이데올로기를 지니고 있는 중국인의 눈에 비친 고조선의 여성들이 이민족으로서는 드물게도 부덕을 지니고 있었다는 것은 그만큼 가부장권이 강화되어 있었음을 의미한다고 하겠다.

다른 한편으로 고조선이 비교적 일찍 정착하여 문명을 창출해가며 종법제와는 상관없이 일부일처(一夫一妻)의 관습이 굳어져 있었을 경우이다. 고조선에 이미 8조금법이 있었다고 하니 충분히 가능성이 있다. 이 경우 남성에게도 이 원칙을 지켜야 할 의무가 부여되었을 것이나 중국 사신의 입장에서는 부덕만이 중요하게 여겨져 이러한 기록이 남겨진 것이다.

하지만 국가가 성립되고 가부장권이 강화되는 일반적인 상황에 비추어 볼 때 일부다처(一夫多妻) 또는 축첩(蓄妾)의 가능성도 배제할 수는 없을 것이다.

(2) 부여

부여는 반농반목(半農半牧)의 산업구조를 가지고 있었던 것으로 전해진다. 그러나 현재 중국 길림성을 중심으로 펼쳐진 고고학적 연구에 의하면 농경의 자취가 보다 강하게 남아있다고 한다. 고구려시대까지 이어진 부여의 국가력을 생각해 보면 일찍이 농경을 시작하여 국가의 경제적 기반을 탄탄히 다져온 것으로 생각되어지므로 고고학적 연구성과와 일치한다고 하겠다. 그런데 '반목(半牧)'이라는 표현은 어디에서 온 것일까? 이는 부여의 종족적 기원에서 비롯된 것으로 보인다. 부여는 중국의 정북방 스텝지역에서 파생되어 나온 유목민의 일부가 만주평원으로 이주해 들어와 세운 국가로 추정된다. 만주평야의 농경에 적합한 자연환경으로 인해 안정적인 농업경제를 근간으로 주산업을 바꾸며 국가가 성장했지만, 그들이 원래 지니고 있었던 유목민의 전통을 강하게 지니고 있었다. 그래서 그들의 풍습은 정통유목민인 흉노(匈奴)와 유사한 부분이 많았던 것이다.

> 남녀가 음란하거나 부인이 투기를 하는 것은 모두 죽였다. 특히 투기하는 것을 증오하여 이미 죽인 시신을 나라의 남쪽 산 위에 놓아 부패하게 하고 여자 집에서 가져가고자 하여 소·말을 가져 오면 그것을 내주었다. 형이 죽으면 (동생이) 형수를 처로 삼았는데 흉노와 같은 풍속이다.
>
> 『삼국지(三國志)』 권 30, 위서(魏書) 제 30, 오환선비동이전(烏丸鮮卑東夷傳) 제 30, 부여전(夫餘傳)조.

먼저 '형사취수(兄死娶嫂)'라는 풍습에 주목할 필요가 있는데, 이는 북방계 유목민에게는 일반적으로 퍼져 있던 풍습이다. 종족에 따라서는 형사취수뿐만이 아니라 아버지의 첩까지 물려받는 경우도 있었다.

이러한 형사취수의 풍습이 나온 배경에는 유목민의 경제적 상황이 작용하였다. 소가족 단위로 이동하며 물과 목초지를 찾아 이리저리 배회하듯 이동하는 생활 조건 하에서 배우자를 구하는 것은 그리 만만한 일이 아니었음을 쉽게 짐작해 볼 수 있다. 또한 씨족의 입장에서도 다른 씨족원이었던 여성이 남편을 사별하여 다른 씨족의 남자와 재혼해 그 씨족을 이탈해나가며 전 남편의 재산(주로 가축)과 자식을 가지고 간다면 경제적 손실을 입는 것이다. 그러므로 씨족의 인적·물적 자원의 손실을 막고 씨족원의 증가를 도모하기 위해 홀로 된 형수의 부양을 그 가까운 가족이 책임지며 나타난 것이 형사취수혼인 것이다.

이러한 형사취수의 관습은 실제로 20세기 초까지도 화전민들을 중심으로 해서 남아 있었음이 기록에 보이고 지금도 배우자를 구하기 힘든 미개종족에서 찾아볼 수 있다. 현재 티베트지역에서는 일부다처제와 함께 일처다부(一妻多夫)제가 병행되어 행해지고 있는데, 다처일 경우의 여자들은 자매간이고, 다부일 경우의 남자들은 형제일 경우가 많다. 토지를 소유하고 있는 집에 대를 이을 아들이 없고 딸만 있을 때, 그 집에 들어간 양자는 장녀뿐만 아니라 나머지 딸들과도 혼인을 한 것이 일부다처 경우였고, 야크나 양을 좇는 유목민이 가족의 단결을 위해 일처를 공유하는 경우가 일처다부인 것이다. 결국 이러한 풍속은 제한적 환경 속에서 효율적인 삶의 방식을 선택한 것이었지만, 환경이 다소 변화한 후에도 일정하게 유지되고 있어서, 현재 티베트의 라사 지역에서는 가구수의 25%가 일처다부제를, 그리고 5%가 일부다처제의 가족구조를 가지고 있는 것으로 알려진다.

그런데 부여의 형사취수는 분명 다처제로 발전되었지만, 티베트의 사례와 비교한다면 일처다부의 경우와 유사성이 있다. 티베트의 일처다부제는 '형제일처(兄弟一妻)'제로 장남이 결혼하면 그 집 형제 모두가 동시에 결혼하는 것이며, 한 명의 여자를 공동의 아내로 공유한다. 자녀가 태어나면 맏형만이 아버지가 되며, 동생들은 전부 삼촌이 된다. 이는 중국 서남 지역의 러빠족이 남편이 사망시 남편의 형제와, 또 부인 사망시 부인의 미혼 자매와 재혼하는 풍습과도 연관성이 있다. 즉 형사취수제든, 형제일처제든, 러빠족의 혼습이든 간에 가족간의 단결과 나아가 인척간의 협력관계를 최우선적으로 도모하려했던 의도가 있었음이 공통적으로 확인된다. 이렇게 보면, 부여의 형사취수가 단순한 가부장적 이데올로기로 인하여 발생한 혼속이 아님이 확인된다고 하겠다.

부여 형사취수 관습의 목적이 인적·물적 자원의 보존과 증대, 그리고 가족·인척간의 단결이었으므로, 이렇게 형성된 다처제의 상황에서 엄히 삼가야 할 것은 당연히 다처간의 불화였다. 만약 동생의 먼저 부인이 나중에 들어온 형수를 박대하거나 핍박할 경우, 그 형수가 재산과 자식을 챙겨 그 씨족집단을 이탈해 감은 물론이요, 사돈간의 관계에도 문제가 발생한다. 그렇게 된다면 형사취수한 원래의 목적이 성취되지 못한다. 그러므로 다처와 다처의 자손간의 화목은 필수적으로 요구되는 덕목이었고, 그것이 '투기 삼가'였던 것이다.

그런데 농경으로 인한 정착이 시작되며 남편과의 이혼이나 사별시 여성의 친정으로 귀속 가능성이 커졌다. 형사취수제가 소멸될 수 있는 환경적 조건이 형성된 것이다. 그러나 농경의 발달과 더불어 진행된 가부장권의 심화는 이를 용납하지 않았다. 오히려 형사취수제 유지는 물론이고, 인척이 아닌 이성(異姓)다처를 맞아들이는 데까지 나간 것이다. 결국 안정된 생활 조건에서 권력을 선점한 남성들은 여전히 '형사취수'하면서 더하여 다른 여성을 배우자로 맞아들였고, 이러한 경향은 사유제산제의 진전과 더불어 그 남성이 지닌 사회적 권력의 상징인양 지배계층을 중심으로 퍼져 나갔다. 특히 유목전통을 강하게 갖고 있는 경우는 주산업을 농경으로 완전히 전환하더라도 여성을 재산취급하는 관념을 그대로 유지하고 있었기 때문에, 아내의 수는 남성의 능력을 보여주는 척도일 뿐 공동체 질서와 관련된 윤리적 개념의 간섭을 받는 것이 아니었다.

형사취수제 아래에서 가족을 안정적으로 유지·관리하기 위해서는 다처간의 화목이 필수임은 이미 밝혔다. 그런데 정착생활을 시작하며 친정으로의 귀속이나 부계씨족으로부터의 이탈이 용이해진 상황에서 다처간 화목을 유지하는 것은 점점 어려운 일이 되었다. 예전처럼 가족간의 정이나 묵계적 관습에 의존하기에는 이미 어려운 일이었다. 그래서 보다 강력한 사회적 제재가 나타나게 되었고, 다처간에 반목하고 투기를 일삼을 경우 엄중히 처벌하여 일벌백계(一罰百戒)의 효과를 볼 필요가 생긴 것이다.

그런데 여기서 한가지 간과해서는 안될 것이 있다. 그것은 일부다처제를 유지하기 위해서는 여성의 희생만이 강요된 것이 아니라 남성에게도 일정한 원칙 엄수가 요구되었다는 사실이다. 즉 결혼한 남성에게도 자신의 부인이 아닌 다른 여성과의 외도가 금지되었던 것이다. 위의 기록에서 보이는 '남녀가 음란'한 것에는 해당남녀의 결혼여부가 불분명하나, 현재 일부다처제의 풍습을 유지하고 있는 몇몇 국가와 부족의 경우를 관찰하면 다처들에게 공평하게 대해주어야만 한다는 의무가 명시되어 있음을 볼 때, 결혼한 남성에게도 다처를 화목하게 유지시켜야 하는 책임이 엄중히 부과되었던 것은 틀림없다.

'남녀가 음란'한 것을 사형에 처할 만큼 강력히 제재한 데에는 또 다른 이유를 생각해 볼 수 있다. 혼인은 특정계급과 가부장권의 유지에 절대적으로 영향을 미치는 요건이다. 그런데 미혼의 남녀가 '음란'할 정도로 자유연애를 즐기도록 방관할 경우, 가부장이 씨족집단의 이해관계에 따라 자녀의 혼인을 결정하는 데 막대한 지장을 초래할 수 있다. 즉 가부장권이 동요되고 권력이 위협받는 것이다. 그러므로 보다 강력한 제재조치가 불가피했을 것이고 이는 정조이데올로기와는 다른 의미에서 엄하게 다스린 것이다.

이에 대비해 볼 수 있는 혼습(婚習)이 현대에도 일부 문화권에서 명확히 존속하고 있다. 현행 사우디 헌법은 한 남자가 네 명의 아내를 둘 수 있다고 규정하고 있다. 그러나 고아들은 친자식처럼 보살펴줄 수 있으며 네 부인을 편애하지 않고 공평하게 사랑할 수 있어야 한다는 단서가 따라 붙는다. 정신적으로나 성적, 물리적 등 모든 일에서 공정해야 하며, 이를 지킬 수 없을 경우에는 일부일처를 엄수해야 한다. 또한 자유연애는 큰 죄로 취급하여, 미혼 남녀가 정을 통했을 경우 남녀 각자에게 1백 대의 태형이 가해지고 남자는 국외로 추방된다. 기혼 남녀간의 간통은 남녀를 막론하고 공개투석에 의한 사형을 받는다. 현재 이라크도 일부사처제로 회귀한 상태이다.

현재 관련 학자들은 아랍문화권의 일부사처제 배경으로 이슬람이 아라비아 반도와 그 주변지역으로 전파되어 가는 과정에서 일어난 전쟁에서 수많은 남성사상자가 발생한 점을 주목하고 있다. 그러나 무하마드의 가르침에, 인구는 곧 국력이므로 결혼하지 않고 독신으로 사는 것은 국력을 허약하게 만드는 행위라고 강조했음을 상기해 볼 때 전쟁 발발 이전부터 이미 인구증대와 관련된 가치관이 형성되어 있었던 것으로 보이고, 이러한 전통적 가치관으로 인해 일부다처제 시행이 가능했던 것으로 파악된다.

한편 시기적으로 여성의 숫자가 부족했던 상황이 없지 않았음에도 불구하고 일처다부제는 허용되지 않고 있다. 이에 대해 현지 법학자들은 여자의 천성으로 보아 한 여성이 동시에 여러 남자와 결혼생활을 한다는 것이 어려울 뿐만 아니라 자식의 아버지를 식별하기가 곤란하기 때문이라고 해석한다. 그러나 이것은 다분히 인간의 역사에서 비롯된 고정관념임이 여러 인류학적 연구를 통해 확인되고 있는 바이다. 결국 아랍문화권의 일부다처제는 부여의 경우에서 보이듯이 유목민의 전통과 강력한 가부장이데올로기가 결합되어 나타난 산물인 것이다.

(3) 옥저

옥저는 국가단계까지 성장하지 못하고 일찍이 고구려의 영향권에 편입된 것으로 알려져 있다. 그런데 초기 옥저의 기록을 보면 고구려와는 구별되는 고유의 풍습을 가지고 있었음이 드러난다.

> 위략에 이르기를, 그 시집가고 장가가는 법은 여자 나이 10세면 이미 서로 허락을 하고 사위 집에서 그를 맞이하여 양육시켜 부인을 삼는다. 성인이 되면 (일단) 다시 여자 집으로 돌아가는데 (이 때) 여자 집에서는 돈을 요구하고 돈이 다 떨어지면 곧 다시 사위를 돌려보낸다.
>
> 『삼국지』 권 30, 위서 제 30, 오환선비동이전 제 30, 동옥저전(東沃沮傳)조.

흔히 '민며느리제'라고 불리는 혼습으로 후에 예부(豫婦)제라고도 불렸다. 일종의 매매혼으로 주로 빈민층에서 경제적인 이유로 인하여 발생한 결혼 풍습이다. 생활이 빈곤하여 딸을 양육할 수 없을 때 장차 아내가 될 것을 전제로 남자의 집에 가서 살도록 하고 성인이 되면 친가에 돌아와 있다가 남자측에서 대가를 지불한 후 시집을 가는 것이다. 이것은 여자를 재산으로 취급하여 혼인을 시킬 때 대가를 치르도록 하는 것이다. 이러한 이유로 행해진 예부혼은 고려, 조선시대에도 일부 계승되었다.

민며느리를 들이는 다른 이유로는 잦은 전쟁으로 여자들을 탈취 당하는 경우가 많아 여자가 부족했다는 것을 들 수 있다. 특히 고구려는 옥저에 대해 '공녀(貢女)'를 받치도록 했다는 기록이 있는데, 이는 고려 후기 원나라의 공녀요청으로 조혼의 풍습이 있었음에 비견해 볼 수 있다. 게다가 고구려는 옥저의 남자까지도 '보병(步兵)'으로 징병해 가는 등 남녀를 가리지 않는 인적 수탈이 극심했다. 당연히 옥저는 인구의 격감이라는 위기를 겪게 되었고, 이에 대한 대비책으로 가임기(可姙期)를 앞둔 여성을 미리 확보해 두려는 목적도 다분했을 것이다.

위의 상황을 종합해 볼 때 옥저의 민며느리제는 척박한 자연환경으로 인한 경제적 궁핍이 낳은 매매혼의 풍습에 고구려에 의한 공녀와 보병의 착출이라는 외압적 요인이 더해져 만들어진 독특한 혼습이었다.

(4) 동예

동예는 옥저처럼 일찍이 고구려의 간섭을 받기 시작하여 고대국가로 성장하지 못하고 부족단계에 머물다 고구려에 병합되었다.

동예에 관한 기록에서 남녀관계와 관련해 나타나는 기록은 동성불혼(同姓不婚)의 원칙 하나뿐이다.

> 같은 성씨끼리는 혼인하지 않는다.
>
> 『후한서(後漢書)』 권 85, 위서 동이열전(東夷列傳) 제 75, 예(濊)조.

족외혼은 이미 신석기시대부터 나타난 현상이다. 족외원의 기원을 우생학적 이유-근친결혼을 하면 사산(死産)과 열등아가 많다-에서 찾는 경우도 있으나, 이제 막 문명에 눈을 뜬 인간들이 이러한 과학적 사실을 깨닫고 족외혼을 실행한 것이라는 데에는 의구심이 든다. 그보다는 보다 직접적이고 즉각적인 요인이 있었을 것이다. 이와 관련해 주목을 끄는 것이 '교환' 개념이다.

다른 집단과의 교류가 없이 살아가던 초기 인류는 자신들 주위의 자연환경에 따라 채집과 수렵을 통해 식량문제를 해결해 나갔다. 그러므로 그 식량원(食糧源)의 대상에는 당연히 지역적 차이가 있었다. 만약 환경이 바뀌며 자기집단이 주 식량원으로 삼던 대상물이 어떤 자연적인 원인으로 없어져 버린다면 이들은 생존에 큰 위협을 받을 수밖에 없다. 그런데 자연환경의 변화가 극심했던 신석기 이전시대까지는 실제로 그런 일이 빈번하게 발생하였다. 이 때 우연히 다른 집단의 먹고사는 법을 배우게 된 그들은 은 그들의 생존에 큰 도움을 얻게 되었고, 이후 이러한 학습을 생존의 지혜로 기억하게 되었다. 족외혼은 아직 문자가 없는 상태에서 별개의 집단이 가지고 있었던 생존방식(사냥도구나 음식물 등)을 서로 교환하는 문화적 진보의 결과였다. 이러한 교환이 더욱 발전하여 집단과 집단 사이의 교환이 이루어졌고,

교환한 집단간에는 일종의 동맹관계가 형성되어 씨족사회가 부족사회로 진전되는 가교 역할을 하게 되었던 것이다.

잘 알려져 있다시피 동예에는 '책화(責禍)'라는 관습이 있었다. 씨족간이나 지역간의 경계를 구획하고 만약 이 경계를 침범하면 침범자 측에서 소, 말이나 노예로 배상하게 하는 것이다. 이 같은 풍속은 지역 주민의 생활 안정과 재산 보호를 위해서 존재한 벌칙이었다고 하나 몹시 배타적인 관습이라 하겠다. 이러한 사회분위기 속에서 정보의 교환이란 어려울 것이고 비례하여 사회발전도 더딜 수밖에 없다. 그런데 기록에 의하면 동예는 토지가 기름지고 해산물이 풍부하며 산누에를 쳐서 명주·삼베를 짜는 방직기술도 발전하는 등, 농경·어로·수렵 등으로 주민들의 생활이 풍족했던 것으로 나타난다.

그렇다면 정보의 교환이나 물적·인적 교류 없이도 자연환경만 좋다면 발전할 수 있다는 것일까? 그것은 아닐 것이다. 인간은 새로운 지식이나 정보에 자극 받으며 인지가 더욱 계발된다. 이를 위해서는 다소의 문화적 충격도 감수해낼 필요가 있다. 동예인들은 배타적인 생활습성에 대한 보완책으로 족외혼을 시행하였다. 족외혼을 통한 묵계의 혈맹관계를 만들어 별개 집단간의 상호신뢰와 교류·협력을 유지해 나간 것이다. 동예가 각 소집단별로 배타적 생활을 유지하면서도, '무천(舞天)'이라는 동일제전을 치르며 동질감을 북돋우어 낼 수 있었던 것은 족외혼을 통한 교류가 있었기 때문이다.

족외혼을 행하며 인적 자원을 교환할 때 그 대상이 된 성별은 어느 쪽이었을까? 기록에 남아있지 않아 단언하기는 어려우나 동예의 발전상태를 보고 미루어 짐작해 본다면, 부계의 원칙 아래 주로 여성이 교환되었지만, 개별적 상황에 따라 남성이 교환되기도 하는 느슨한 가부장제 상황이었던 것으로 보인다. 왕이 없고 읍군(邑君)과 삼로(三老)라 하는 사람들이 각 부족을 맡아 다스렸다는 기록을 보면, 아직 폭력과 강제를 수반한 지배계급이 형성되지 않은 채 원시공동체의 유습이 다분한 상태였던 것으로 추정되기 때문이다.

(5) 읍루

부여가 성장하고 있을 때 만주평야의 동쪽에서 정착하고 있었던 종족이 읍루이다. 이들은 흔히 한국사의 서술에서 배제되고 있으나, 부여가 있을 때는 읍루 또는 숙신이라는 이름으로 부여에 복속되었고, 고구려의 강성기에는 말갈이라는 이름으로 병합되었으며, 이러한 이유로 발해가 성립되었을 때 발해주민의 다수로 등장하는 등 고대 한국사의 형성과 전개에 적지 않은 부분을 차지하고 있다. 이들은 역사 이래로 부여나 고구려 등의 주변강대국 간섭을 심하게 받은 탓에 독자적인 발전을 이루지 못하고 늘 미개한 상태로 머물렀다. 하지만 그러한 이유로 이들이 가지고 있는 풍습에는 원시공동체적인 요소가 다분하여 부여나 고구려의 시원(始原) 상황을 미루어 짐작케 한다.

> 장차 시집가고 장가들려고 하면 남자는 털깃을 여자 머리에 꽂는데 여자는 응낙하면 가지고 돌아간다. 그런 후에 예를 다하여 그를 부른다. 부인은 정숙하지만 처녀는 음란하다.
>
> 『진서(晋書)』 권 97, 열전 제 67, 사이(四夷) 동이(東夷) 숙신씨(肅愼氏)조.

분명한 자유연애혼이다. 남자 쪽에서든 여자 쪽에서든 본인의 의사만이 중요하게 작용한다. 물론 기록에 드러나지 않는 집안의 의사가 당사자를 통해 표출되기도 하겠으나, 표면상으로는 당사자의 의지가 가장 주요한 여건이다. 어디서도 엄격한 가부장권의 자취는 보이지 않는다.

이러한 상황에서 결혼한 여자가 정숙하다는 것은 혼인관계가 엄중히 유지되는 것으로 파악해야 한다. 아마 남자의 경우에도 마찬가지였을 것이다. 읍루족은 원시농경을 주산업으로 하고 있었던 것으로 알려져 있다. 정착생활을 했으므로 씨족내 질서유지가 필요했고, 따라서 집단의 기본단위인 소가족에 대한 유지관리는 암묵적 관습으로 엄중히 지켜졌을 것이다. 즉 '여자이기 때문'에 정숙한 것이 아니라 평등한 공동체의 질서를 유지하기 위한 의식적·무의식적 노력이었던 것이다. 이런 이유로 미혼의 여성은 자유로운 연애를 즐길 수 있었던 것이다. 기록에 남아 있지 않더라도 공동체질서 엄수의 임무는 남성에게도 마찬가지로 부과되었을 것임이 틀림없으므로 읍루사회에서 여성의 지위는 남성과 별반 차별 없이 유지되었던 것으로 보인다.

역으로 배우자에 대한 정절은 그만큼 사회가 덜 분화되고 복잡화되어 있음을 반영한다. 한 지역집단의 영역적 범위가 크고 인구가 많으며 외부와의 교류가 많고 다양한 지위와 직업의 사람들이 함께 산다면 남편이든 부인이든 정숙을 일률적으로 엄숙히 유지한다는 것은 어렵다. 현대사회에서 농촌과 도시의 상황을 비교해 본다면 이러한 명제는 설명될 수 있을 것이다.

한가지 흥미로운 것은 '털깃(毛羽)'이다. 물론 조류숭배사상과 연관이 있는 것이겠지만, 여기서 주목하고자 하는 것은 고구려와의 연관성이다. 고구려의 무덤 벽화들에서 등장하는 고구려 무사의 의복차림을 살펴보면 머리에 새깃을 꽂은 모자(鳥羽冠)를 쓰고 있는 모습이 자주 눈에 띤다. 이것은 기록을 통해서도 확인되는 바이다. 고구려와 관련 있는 국가들의 의복이 대체로 고구려와 유사한 것으로 기록이 남아 있으므로 이것이 크게 괄목할만한 것은 아니겠으나, 고구려와의 지역적 인접성을 생각해 본다면, 고구려의 초기 모습을 여기서 발견해 볼 수도 있지 않을까?

(6) 삼한

삼한의 여성 상태를 알 수 있는 기록은 단편적이다. 단지 마한에 대한 언급 중에,

어른, 어린이, 남자, 여자의 구별이 없다.

『후한서』 권 85, 위서 동이열전(東夷列傳) 제 75, 한(韓)조.

라는 구절이 있어 구성원간의 평등관계를 유지하고 있었음을 짐작할 수 있을 뿐이다. 천군(天君)이 있는 것으로 보아 제정(祭政)이 분리되며 계급분화가 진전된 것으로 보이지만, 아직 원시공동체적인 전통이 강하게 남아있는 것이다.

그런데 삼한 모두 잠업과 직조술이 발달하여 비단과 면포를 생산했다고 하는 기록이 나온다. 예나 지금이나 이 산업에 주로 종사하는 것은 여성이다. 여성들이 남녀 모두 참여하는 농경 외의 부가가치가 높은 산업에 독점적으로 참여했다는 것은 지위상승과 관련하여 유리한 조건을 마련해 주는 것이다.

삼한에 관한 기록에서는 직접 나타나지 않지만, 후대 성립된 신라에서 원시공동체적인 전통이나 모계적 계승이 산발적으로 나타나고 있는 점을 생각해 보면, 삼한에서 성행한 잠업과 비단·면포 생산업은 여성에게 유리한 경제적 입지를 제공했던 것으로 추정된다. 삼한이 부여나 고구려에 비해 결코 뒤지지 않는 유리한 입지적 조건을 지니고 일찍이 발전했으면서도 고대국가체제의 형성에 있어 북방계 국가들에 다소 밀리는 요인(공동체적, 부족연맹기적 특징에서 탈피하지 못한 것)도 여기서 그 한 가지를 찾아볼 수 있을 것이다.

2. 삼국시대

(1) 고구려

고구려는 한국의 여성지위와 관련하여 가장 특징적이면서도 가장 영향력 있는 제도를 남겼다.

> 그 풍속에 혼인하려면 말로 미리 정하여 여자 집에서 자기 집 뒤쪽에 작은 집을 짓는데 서옥(婿屋)이라 부른다. 시위는 저녁에 여자 집 밖에서 자기 이름을 대고 꿇어앉아 절하고는 여자와 잘 수 있게 해달라고 빈다. 이와 같이 두 세 번하면 여자의 부모가 비로소 승낙하고 작은 집 안에서 자게 한다. 곁에는 돈과 비단을 놓아둔다. 자식이 생겨 자라면 곧 부인을 데리고 집으로 돌아가나. 그 풍속은 음란하다.
>
> 『삼국지』 권 30, 위서 제 30, 오환선비동이전 제 30, 고구려전(高句麗傳)조.

'서옥제(婿屋制)', 솔서혼(率壻婚), 또는 '남귀여가혼(男歸女家婚)'이라고 불리는 데릴사위제이다.

데릴사위제는 소위 '노역혼(勞役婚)'으로, 민며느리제와 마찬가지로 원시 매매혼 내지 교환혼의 흔적이다. 일반적으로 노역혼은 일정 기간 노동력을 여자측에 제공한 후 여자에게 접근할 수 있도록 허락하는 것이다. 이러한 측면에서 자녀가 혼기에 임박했다는 것은 일종의 경제적인 가치를 갖는 것을 의미하는데 결혼은 곧 노동력을 주는 것이므로, 막대한 노동력이 필요했던 시기에 남의 집 딸을 며느리로 얻어 올 때 그 대가로써 대개 첫 아들을 낳을 때까지 처가에서 노력 봉사를 먼저 해야만 했던 것이 데릴사위제였다. 그러나 이러한 노역혼은 가부장권이 강화되며 대개의 경우 매매혼의 형태로 대체되었다. 즉 재물적 손실을 감수하더라도 '처가살이'는 하지 않으려 했던 것이다.

그런데 고구려의 경우 이 데릴사위제는 재물적 대가로 대체되지 않았다.

> 혼인의 예법은 재물이나 폐백을 생략하고 만약 재물을 받는 자가 있으면 이를 일컬어 노비를 매매한 것이라고 했으며 풍속에 이를 매우 수치스럽게 여겼다.
>
> 『주서(周書)』 권 49, 열전 제 41, 이역(異域) 상(上), 고려(高麗)조.

좀 깊이 생각해 보면, 이러한 기록은 혼인시 남자측에서 여자측에게 과도한 예물을 제공하는 것이 심각한 사회문제로 대두되자 그에 대한 제도적 제재 또는 심리적 반발로 '혼인이 아닌 노비매매'라는 비아냥 섞인 모욕이 생겨난 것을 반영했을 것이라는 가능성을 떠오르게 한다. 그런데 이 기록에서는 딸 가진 집안의 자부심이 느껴진다. 자신의 딸이 결코 일개 매매거리가 아니라는 것이다. 매매혼이 유행하는 곳에서는 재물적 대가를 치르는 것에 이런 식으로 반응하지 않는다. 그러므로 고구려의 서옥제는 이미 매매혼의 차원에서 벗어난 것이다.

그러나 사위의 노력봉사는 끝까지 유지되었다. 아니 이후 고려시대와 조선시대를 거쳐 현재까지도 일부 남아있다. 동시대 다른 나라에서는 보이지 않는 모습이다. 그렇다면 고구려만의 특정 상황이 이러한 데릴사위제를 유지시킨 것으로 파악해야 할 것이다.

고구려는 고대국가로 진입하는 데 성공한 나라 중 가장 먼저 발전했다. 이는 곧 계급차별의 제도적 고착이 가장 먼저 이루어졌음을 의미한다. 대개의 경우 이렇게 될 즈음의 가부장권이라고 하는 것은 비례하여 강화되어 모계나 모권이라고 하는 것은 거의 찾아보기 어렵다. 고구려의 경우도 분명한 부계중심의 가부장사회를 유지하고 있었다. 그럼에도 불구하고 처가의 영향력이 증대될 수밖에 없는 서옥제가 끝까지 유지된 이유는 무엇인가?

가장 먼저 상정해 볼 수 있는 것은 여자의 부족이다. 가까운 예로 남아선호사상의 극성으로 남녀성비가 심각할 정도로 차이가 나게 된 한족(漢族)의 경우, 현재 여성이 그 사회에서 누리는 지위는 가히 세계적 수준이라고 할 수 있다. 특히 가정 내에서의 지위는 더욱 높다. 남녀차별이 많이 호전된 현재는 영아의 남녀성비가 안정되었지만, 여성의 지위는 아시아계 국가에서 단연 선두그룹에 속한다.

고구려의 경우 잦은 전쟁과 특유의 전투방식으로 여성, 특히 임산부와 영아의 사망률이 높았을 것임을 짐작해 볼 수 있다. 임산부와 영아의 사망률이 높다는 것은 곧 인구의 격감을 의미한다. 인근 국가가 고구려에 대해 공녀를 요구하는 것이 아니므로 전쟁만 중지하면 이러한 인구 격감현상은 일어나지 않겠지만, 고구려의 지정학적 위치와 자연조건은 그들을 그리 태평스럽게 만들지 못하였다. 전쟁은 피할 수 없는 생존방식이었고 그들은 전쟁의 승리와 인구증대를 동시에 도모해야 했던 것이다. 여기에서 내릴 수 있는 결론은 한 가지뿐이었다. 임산부와 영아의 보호가 그것이다. 스스로는 피난 등의 격심한 체력을 요하는 활동이 곤란한 이들을 보호하기 위해서는 보호자가 따라야 했고, 그들을 가장 효율적으로 보호할 수 있는 사람들은 당연히 그 부모와 가족이었다. 하지만 남편은 전쟁에 참여하는 등의 이유로 항시 곁에서 돌보기 어려운 현실적 상황이 발생하므로 결국 임산부와 영아는 혼인 후에도 친가에서 가족들의 보호를 받으며 생활하다가 그 아이가 스스로 피난이나 소전투참여 등의 활동이 가능할 만큼 성장하면 비로소 독립해 나가는 것이다.

그러나 이대로 결론을 맺기에는 의문이 남는다. 옥저의 경우도 인구가 격감되는 충분한 요건이 있었음에도 불구하고 고구려와 같은 혼속은 나타나지 않았다. 여기서 덧붙여 고려해야 할 것은 고구려인의 계급적 배타성이다. 고구려인은 스스로를 '국인(國人)'이라 부르고 자기들이 사는 곳을 '국(國)'이라고 지칭해 평양 천도이전 도읍의 명칭이 '국내성(國內城)'이 된 것이다. 여기서 '국'이 의미하는 것은 대제국 고구려 전체를 이르는 것이 아니다. 5부로 시작된 고구려의 원부족을 지칭하는 것이다. 물론 고대시기에는 고구려만이 아니라 신라의 경우도 그렇고, 대부분의 경우 고대국가를 성립시키는 데 주도적 역할을 한 부족들이 뒤에 편입해 들어온 부족들과 차별되는 특권의식을 가지고 있는 경우가 대부분이다. 고구려 영역 내에서 살며 장기간 고구려의 지배를 받았던 말갈에 대해서 끝까지 분리의식을 지니고 있었던 것도 이런 차원일 것이다.

원래 자기들이 차지했던 지역보다 수 십 배, 수 백 배 넓은 영토를 쟁취하고 인구적으로도 훨씬 더 많은 새로운 복속민을 갖게된 원(原)고구려인들에게는 숫자적 열세를 극복하고 지속적으로 자신들의 특권적 지위를 유지하기 위해서 무엇보다도 내부적 단합이 중요했다. 그 내부적 단합을 더욱 공고히 하기 위해서 여러 가지 방책이 동원되었는데, 그 중 하나가 이 서옥세라는 혼속이다. 그런데 전쟁과 원거리 전투가 잦았던 고구려의 상황에서 단순한 혼인이 두 집안의 결속을 보장해주지는 못했다. 그래서 자손을 낳아 처가에 맡김으로써 일종의 계약담보를 제공한 것이다. 즉 고구려의 서옥제는 여자수의 부족과 고구려 지배계층의 단합이 결합한 혼습이다.

그런데 고구려는 부여와 마찬가지로 형사취수와 다처제의 혼속을 같이 지니고 있었다. 서옥제라는 혼인풍속에서 다처가 가능했다는 것은 놀랍기까지도 하다. 하지만 서옥제의 풍습에도 불구하고 고구려는 엄연한 가부장제 사회이다. 형사취수의 유습을 가지고 있는 가부장제 사회에서 일부다처제가 출현하는 것은 당연한 귀착이다. 그러나 서옥제의 풍습으로 인해 대개의 경우 다처를 취하는 것은 어려웠을 것이다. 특수한 경우, 예를 들자면 이미 혼인하여 처가 있는 남자가 동맹의 필요성으로 다시 다른 집안(또는 부족)의 여자를 처로 맞아들여야 할 필요가 발생할 때에 한하여 다처를 취했을 것이고, 이 경우에도 어디까지나 첫째 부인과 그 집안의 양해와 동의를 얻었을 때만 가능했을 것이다.

그럼 이렇게 복잡한 상황 속의 고구려 여성은 어느 정도의 지위를 확보하고 있었을까? 우선 정치적인 성공은 거의 없었다고 보는 것이 옳겠다. 왕위는 물론이려니와 고구려의 관직에 여성이 올랐다는 기록은 어느 곳에서도 보이지 않기 때문이다. 그러나 막후 영향력은 대단한 것이었다.

고국천왕(故國川王)이 아들이 없이 죽자 왕후 우(于)씨는 이를 일단 숨기고 그 날 밤에 왕의 동생인 발기(發岐)의 집에 가서 왕위를 계승할 것을 제의했으나 발기는 부인이 밤에 돌아다닌 것은 예(禮)가 아니라 하며 무안을 주어 보냈다. 왕후는 다시 다른 아우인 연우(延優)에게 갔는데, 그는 정중히 왕후를 대하였다. …… 왕후는 그의 손을 잡고 궁으로 들어갔다. 다음 날 날이 밝자 거짓으로 선왕의 유언이라 하며 연우를 왕으로 세웠다. 발기는 듣고 크게 노하여 "형이 죽으면 아우에게 돌아가는 것이 예이거늘 너는 순차(順次)를 뛰어 왕위를 簒奪(찬탈)하니 큰 죄다. 속히 나오라, 그렇지 않으면 처자를 죽일 것이다."라고 하였다. …… 발기는 참회를 이기지 못하여 배천(裴川)으로 달아나 스스로 목을 찔러 죽었다.

『삼국사기』 권 제 16, 고구려본기 제 4, 산상왕(山上王)조.

물론 기록 뒤에 숨겨진 치밀한 권력투쟁이 있었겠으나, 어쨌든 산상왕의 등극에 있어 고국천왕의 왕후인 우씨의 역할은 막강한 것이어서 이미 정해진 왕위계승서열을 뒤바꿀 정도였다. 고구려는 전쟁을 하며 성장한 까닭에 일찍이 왕권이 확립되어 있었다. 이러한 고구려의 왕위란 그야말로 절대적인 것이었다. 이 절대자의 지위를 왕후가 좌지우지할 수 있었다는 것은, 우씨 왕후가 특수한 경우라고 하더라도, 당시 여성이 지닌 막후의 영향력이 상당했음을 의미한다.

우씨가 다시 산상왕의 왕후가 되니 형사취수의 원칙이 지켜진 것인데, 우씨는 자신이 지닌 왕후로서의 지위를 이용하여 '취수'할 시동생을 직접 선택한 것이다. 즉 남녀간의 차별보다는 계급이나 지위에 따른 차별이 더 심했음을 알 수 있다.

한편 고구려의 남녀관계가 상당히 개방적이었음을 보여주는 기록이 있다.

> 풍속이 음란한 것을 좋아하고 부끄럽게 여기지 않는다. 유녀(遊女)라는 것이 있는데 남편이 특정인이 없다.
>
> 『주서』 권 49, 열전 제 41, 이역 상, 고려조.

이 기록이 중국인의 눈에 비친 상황이라는 점을 고려해 보면, 정확히는 음란한 것을 좋아한 것이 아니고 '음란'의 개념이 중국과 다름이었을 것이다. 부끄럽게 여기지 않았다는 것은 남녀가 연애를 할 때 그 표현도 과감했다는 것을 내포한 표현이다. 그것은 여자에 대한 남녀 차별적 억압이 심하게 이루어지지 않았기 때문에 가능한 것이다.

조선시대와 비교하면 이를 쉽게 알 수 있다. '남녀상열지사(男女相悅之詞)'라는 것이 비단 고려시대만 있었던 것은 아니었다. 고상한 정신세계를 지향하며 유교적 교화사업과 제도적 정비를 통해 철저히 욕정 발산을 억제했음에도 불구하고, 조선시대에도 남녀간의 연애는 지속되었다. 혜원(蕙園) 신윤복(申潤福)의 풍속도에는 이러한 조선시대의 분위기가 잘 표현되어 있다. 단지 가식이 더해져, 그 장소가 '양지'에서 '음지'로 바뀌었고, 표현이 은유적으로 변화했기 때문에 '백주대로(白晝大路)에서는 눈에 잘 띄지 않았을 뿐이었던 것이다.

그런데 고구려 여성의 성적 자유분방함에 대해 흥미로운 참고 사례가 있다. 티베트의 어느 지방에서는 처녀를 아내로 맞이하는 것을 꺼리는 결혼풍습이 있었는데, 이는 남자 경험이 없는 여자는 신을 기쁘게 하지 못한다고 믿었기 때문이라고 한다. 이러한 이유로 그들은 남자 경험이 많은 여자를 선호했고, 이방인이 방문하면 자신의 딸로 하여금 잠자리 시중을 들도록 하기도 하였다고 한다.

이 풍습의 유래를 이슬람교의 '희사(喜捨)' 개념과 연결하여 설명하기도 한다. 그러나 최근 들어 고원지대의 산소부족으로 인한 남성의 생식능력이 저하 현상과 연관지어 해석하려는 주장이 대두되었다. 즉 가임기 여성으로 하여금 여러 남성과의 성관계를 갖도록 하여 임신가능성을 높이고 인구증대를 도모하기 위함이었다는 것이다.

산소량이 임신과 태아건강에 상당한 영향을 미친다는 것은 현재 많은 의학적 연구에서 주장되고 있다. 물론 고원지대 거주민들이 이전부터 이러한 과학적 지식을 갖고 있었다고 단정할 수는 없다. 그러나 누대에 걸쳐 살아가는 동안 체득한 경험을 통해 나름대로 극복방안을 찾은 것이 이러한 관습으로 정형화되었다고 추정하는 것은 상당한 설득력을 갖는다. 혹한에 시달리는 극한지방에서도 '부인접대' 관습이 있는 것을 보면, 이는 종교적인 이유에서 유래한 것이 아니라 종족보존이라는 생물학적 본능에 기인한 풍습일 가능성이 더 커진다.

결국 고구려 여성의 성적 자유분방함은 산악지역에서 활동하는 그들의 환경조건과 호전적인 그들의 생활형태 속에서, 인구증대를 위한 자구책으로 나온 풍속으로 볼 수도 있다는 것이다.

한편 유녀(遊女)란, 일반 부녀자와는 구별되는 일종의 창녀를 의미하는 것으로 보인다. 계급이 발생한 이후로 나온 '신흥직업'이라고는 하나, 유독 고구려에 관한 기사에서만 등장하는 이유는 그들이 다른 나라에 비해서 숫자적으로 많았던가 아니면 그들의 행동이 보다 과감했기 때문일 것이다.

고구려는 전쟁을 일삼는 국가이다. 전란으로 인한 여자사상자도 적지 않았겠으나, 역시 전투에 직접 참여하는 것이 남자이므로 남성전사자의 숫자는 막대했을 것임이 분명하다. 이와 함께 증대되는 것은 전쟁미망인이었고, 이들에 대한 처리는 사회문제가 되었던 것이다. 다행히 그 친가가 세력이 있는 집안이라면 그 생활이나 재혼에 별 어려움이 없겠지만, 그렇지 않을 경우 생활에 큰 곤란이 발생함은 물론이다. 옥저에서 공녀로 온 여성처럼 외지에서 온 경우라면 후자의 처지에 놓을 가능성이 더욱 클 것이다. 그들은 대개 노임을 받을 수 있는 일자리를 구하겠지만 당시 사회가 현대와 같은 산업구조를 지니고 있지 않으므로 그것은 쉽지 않았을 것이 분명하다. 이 때 고구려처럼 여성의 성적유희가 비교적 큰 문제시되지 않고 교역이 활발하여 외지인의 출입이 잦으며 스스로도 외지에서 들어온 경우라면 유녀의 길로 접어드는 사람도 적지 않을 것이다. 또한 그들이 행한 일종의 호객행위도 다분히 도발적이었을 것이므로 유교사상에 젖어있는 중국사신의 눈에는 해괴하기 그지없었을 것이다.

유녀가 눈에 띠는 또 다른 이유는 역시 여성 수의 부족이다. 확률적으로 일부다처인 사회에서 배우자를 구하지 못하는 남성은 당연히 많을 수밖에 없다. 고구려 역시 원래 여성이 부족한 데다가 일부다처의 관습을 갖고 있으므로 남성이 유녀를 찾을 확률은 높다. 즉 유녀를 직업으로 삼더라도 충분히 생활할 수 있다는 것이다. 현재 일부다처가 법적으로 공인된 국가의 경우 매독 등의 성병 감염률이 세계 평균치를 훨씬 웃돈다는 사실과 아랍문화권에서 창출된 성적(性的) 상상력(주로 문학으로 표출된)이 세계적 수준이라는 것은 이를 간접적으로 증명하는 것이라 하겠다.

(2) 백제

백제는 잘 알려졌다시피 고구려계의 유이민집단이 그 지배층으로 등장하여 고대국가를 성립시켰다. 그런데 여성과 관련된 상황은 고구려와 다소 이질적이다.

> 부인이 간음을 범한 자는 남편 집에 종으로 넣는다. 혼인의 예법은 대략 중국과 같다. 부모 및 남편이 죽으면 3년 동안 상복을 입고 나머지 친척은 장사를 치르면 상복을 벗는다.
>
> 『주서』 권 49, 열전 제 41, 이역 상, 백제(百濟)조.

부인의 간음시 사형은 면하는 걸로 보아 부여식의 복수법 수준에서는 이제 벗어난 것으로 보인다. 그러나 고구려와 같은 수준의 여성 지위는 아무리 찾아보아도 나타나지 않는다. 오히려 혼인예법이 중국과 같다느니, 상례에서 부모와 남편은 같은 수준이나 부인은 차별하는 것 등을 보면 기록대로 중국과 가깝다.

이것은 세 가지의 경우를 상정해 볼 수 있다. 첫째는 기록의 오류이다. 초기 백제나 신라에 관한 기록은 교류의 부족으로 많은 부분에서 잘못 나타나고 있다. 그러나 후대의 백제 관련 기사들에서도 대부분 중국과 유사한 혼속과 여성관을 지닌 것으로 기록되어 있는 것을 보면 이 부분에 관한 한 정보 부족으로 인한 기록의 오류는 아닌 것으로 보인다.

더 많은 가능성을 지니고 있는 쪽은 농경의 발달과 중국과의 빈번한 교류로 인한 가부장권의 발달이다. 백제는 신라와 더불어 우리나라에서 가장 오래된 저수지 시설을 갖추고 있었다. 그만큼 농경기술이 발달되어 있음을 알 수 있다. 또한 신라지역에 비해 해류가 순하고 지역적으로도 가까워 중국지역과의 교류는 비교적 용이했다. 게다가 중국의 서남지역, 즉 백제와 바다를 같은 끼고 있는 지역은 예로부터 중국 지역 중에서도 문화가 발달하고 농경생산력이 앞서 문물의 교류에 유리한 조건을 갖추고 있었다.

마지막은 중국식의 우호적인 기록이다. 중국은 호전적인 고구려와 육지에서 국경을 접하고 있었기 때문에 평화시기에도 대(對)고구려관계에 긴장을 늦추지 못했다. 그러므로 고구려에 대한 이이제이(以夷制夷) 정책은 늘 지속하고 있었다. 부여에 대한 기록에도 비교적 긍정적인 내용이 많고 부여와 우호적인 관계를 유지했던 것도 그 때문이다. 백제에 대해서도 고구려에 대한 견제책으로 우호관계를 유지했을 가능성은 충분한데, 백제에 대한 좋은 인상을 표현하려고 한 것이 결국은 자기와 비슷하다는 중화주의사상에 입각한 평가였던 것이다.

백제는 고구려 유이민집단이 토착세력을 규합하여 고대국가로 이끈 경우이다. 고구려가 삼국 중 가장 먼저 고대국가의 기틀을 마련할 정도로 선진이었음을 분명하나, 백제가 규합했던 마한의 토착세력 역시 농업경제를 기반으로 상당히 발전된 체제와 문화를 갖추고 있었다. 만만치 않은 토착세력을 아우르기 위해서는 보다 완성되고 세련된 체제가 필요했다. 백제의 율령제가 삼국가운데 가장 완성도가 높은 이유가 여기에 있다. 율령제의 수준이 높다는 것은 그만큼 계급체계가 치밀함을 의미하며, 아울러 남녀관계에 있어 여자의 남자에게로의 예속 정도 역시 높다는 것을 상징한다. 삼국 중 가장 뒤늦게 출현한 백제의 온조신화에서 어머니 또는 부인의 역할이 나타나지 않는 것은 이와 관련이 있다. 즉 백제의 여성은 높은 경제적 기반을 지니고 문화적으로 풍요롭게 지냈던 것으로 추측되지만, 사회・경제・정치의 대외적인 활동에 있어서는 완전히 배제되었던 것이다.

(3) 신라

신라는 우리 역사상 유일하게 여왕이 출현했던 국가이다. 그리므로 여성의 지위 역시 매우 높았을 것으로 흔히 생각한다. 그러나 이는 착각이다.

신라에서의 여왕출현은 단순한 배타적 계급유지의 현상이었다. 고구려・백제와는 달리 하나의 씨족, 즉 한 개의 성씨집단이 국가권력을 장악하지 못한 채 고대국가로 진입한 신라는 전제왕권 역시 발달이 어려웠다. 그 시작부터 다수가 참여한 신라의 왕권은 시간이 흐를수록 오히려 집단적이 되는 경향을 띠게 되었다. 족내혼을 통해 끝없이 왕권에 참여했기 때문이다.

나라 사람들은 김씨와 박씨의 두 성이 많고 다른 성씨와는 혼인하지 않는다.

『구당서(舊唐書)』 권 199 상, 열전 제 149, 동이 신라조.

물론 위의 기록은 중국의 사신이 신라의 왕도에 머물며 주로 궁 안팎의 관계자들만 대했을 것이므로 그가 만난 사람이 모두 김씨와 박씨일 수밖에 없었던 상황에서 비롯된 것임을 감안할 필요가 있다.

그러나 사고의 발달에 따라 강력한 왕권의 필요성을 절감하기 시작한 왕들은 뒤늦게나마 왕권강화작업을 펼치게 되었는데, 그 대표적인 것이 선덕여왕과 관련된 진종(眞宗)설화이다. 즉 불교를 이용하여 귀족세력 자체를 다시 서열화하여 왕족의 범위를 한정함으로써 왕의 권위에 도전할 수 있는 세력을 차단하려 한 것이다. 즉 선덕여왕이나 진덕여왕은 이러한 왕실내부의 체제정비의 일환으로 출현한 것이지 결코 신라의 여권과 관련 있는 것은 아니다.

단, 신라는 고구려나 백제에 비해 원시신앙의 전통이 강하게 남아있었고, 그러한 이유로 다른 나라에 비해 여신숭배사상이 설화를 통해 자주 드러난다. 화랑의 시원인 원화(源花)가 원래 여자였으며 여사제(女司祭)의 임무를 담당했다는 것도 같은 맥락에서 이해될 수 있다. 그러므로 비록 몇몇 세력의 저항을 맞이하기는 하였으나, 여왕이 등극하고 그 자리를 유지할 수 있는 사상적 배경이 된 것은 틀림없다.

그렇다면 왕과 같은 특수계급을 제외한 일반의 경우는 어떠했을까?

> 남자와 여자는 구별이 있다(男女有別).
>
> 『양서(梁書)』 권 54, 열전 제 48, 제이(諸夷) 신라(新羅)조.

> 혼인의 예법은 오직 술과 밥만 할 뿐이고 그 경중은 빈부에 따른다. 신혼 저녁에 여자는 먼저 시부모에게 절하고 다음엔 남편에게 절한다.
>
> 『수서(隋書)』 권 81, 열전 제 46, 동이 신라조.

기록에 보이듯이 신라 역시 분명 남녀간의 차별이 시작되고 있었다. 혼인 예법에서 보이는 남녀간의 차별은 비단 혼례뿐만이 아닌 모든 활동에서 드러났을 것이다.

그러나 그 차별이나 예속의 정도는 백제의 수준은 아니었던 것으로 짐작된다. 왜냐하면 앞서 삼한에 관한 설명 중에 밝혔듯이 길쌈과 직포의 산업활동에 주로 여성이 참여함으로써 일정한 사회적 · 경제적 지위를 확보할 수 있는 여건을 마련했음이 분명하기 때문이다. 일본에 수출된 면포나 비단에 제작자인 여성의 이름이 명기되어 있는 점이나 「설씨녀전」 등 전해지는 많은 설화에서 여성 자신의 의지가 분명히 보이는 것은 신라의 여성이 비교적 독립된 지위를 지니고 있었음을 반영한다고 하겠다.

3. 남북국시대

(1) 신라

신라가 삼국을 통일할 무렵 왕권을 정점에 도달하였다. 특히 무열왕계로 이어지는 신라 중대의 상황은 전제왕권시대를 구가하며 정치는 물론 사회·경제·문화적 방면으로도 획기적인 발전을 이루어 신라의 수도인 경주는 국제적인 교류의 장이 될 정도였다.

무열왕계로 이어지는 동안 여왕이 한 명도 출현하지 않는 것은, 물론 제반 조건이 발생하지 않은 이유가 가장 크다 하겠으나, 한편으로 신라사회가 보다 가부장적으로 변화했음을 상징한다. 그렇다면 여성의 지위는 크게 하락한 것일까? 그리 보이지는 않는다.

물론 신라사회에서 왕 이외의 공적인 관직에 여성이 올랐다는 기록은 보이지 않는다. 또한 불교가 국가적인 지원을 받으며 성행했지만 유명한 여승 하나 배출하지 못했다. 즉 여성은 공식적인 대외활동에서 여전히, 그리고 다른 나라의 경우처럼 배제되어 있었던 것이다.

그러나 무열왕계의 왕위세습이 끝나고 다시 내물왕계가 복귀한 이후, 왕권을 약화시키는 귀족의 집단적 지배현상이 다시 나타났다. 이러한 정계의 분위기는 곧 사회 전반에 전파되어 계급

체제 자체를 동요시키는 요인으로 작용한다. 남녀관계에 있어서도 이러한 계급동요현상은 반영되기 마련이다.

가장 먼저 발견되는 것은 여성의 경제권 행사이다. 「신라촌락문서(新羅村落文書)」에서 여성의 숫자와 삼밭이 면적이 정확히 파악되고 있었던 것을 보면 여성은 직포작업을 통해 이미 경제적 가치를 인정받고 있었음을 알 수 있다. 흔히 고대의 인구기록에서는 여성의 숫자가 무시되기 때문이다. 확실히 발견되는 바는 없지만, 아마도 신라의 여성은 이전부터 이러한 산업활동 등을 배경으로 하여 남편이나 시집과는 구별되는 독립적 재산과 경제권을 지니고 있었을 것으로 보인다. 그런데 이렇게 축적된 경제력을 대외적으로 직접 행사하는 것은 남북국시대 이후의 기록에서만 드러난다.

여성이 경제권을 행사한 분야는 주로 불사(佛事)와 관련된 것들이다. 선덕여왕이 부처님의 현신이라거나 신모(神母)사상 등을 보면 종교분야에서 만큼은 여성에 대한 인식이 호의적이었던 것으로 보인다. 그러므로 여성의 대외활동이 제약을 받고 있는 당시의 상황에서도 종교와 관련된 여성의 대외활동은 용납되었던 것이다. 신라의 하대에 접어들면서 이러한 여성들의 활동은 더 빈번했고 적극적이었다. 불사에는 예나 지금이나 많은 자금이 들어간다. 물론 법당의 기와 한 장을 시주하는 것으로 협력할 수도 있지만, 기록에 남아있는 바로는 당시로도 막대한 자금을 기꺼이 헌납하고 있다. 그 씀씀이가 대범한 것은 개인적 취향이겠으나,

그 막대한 재산을 임의대로 처분할 수 있었다는 것은 여성의 지위가 의외로 높았음을 생각하게 한다.

경제력과 경제권은 곧 지위와 연관된다. 그것은 현재에도 적용되는 명제이다. 신라시대 여인들은 스스로 경제활동에 참여하여 수입을 늘리고 또한 그것을 남편과 별도로 소유하며 자신이 원하는 대로 사용했다. 이는 신라의 여성들이 사회의 당당한 구성원으로 인정받고 있었음이며 또한 그들 스스로 제도가 원하는 대로 순순히 남성에게 예속되지 않았음이다.

이것은 다른 쪽으로도 확인이 되는데, 그것은 가계의 계승권이다. 『삼국유사』나 몇몇 족보에서는 자손이 아버지가 아닌 어머니의 성씨를 따르고 있음이 나타난다. 물론 이는 일정하게 지속되는 것이 아니고 가세(家勢)에 따라 유동적인 것이었지만, 엄격한 가부장제 사회에서는 상상도 할 수 없는 일이다. 모계가 등장할 정도이니 여성은 분명 그 독립된 가치를 인정받고 있음이 틀림없다 하겠다. 그래서 조선시대와 달리 이 시기의 여성들은 독립된 이름을 지니고 있었고, 그 이름으로 집안을 대표하기도 하였다. 요즘 아무개네 집, 모모씨댁이라고 불리는 것처럼 말이다. 우리나라는 현대에 접어든 얼마 전까지만 하더라도 다른 집을 가리킬 때 막내일지라도 꼭 남자아이의 이름을 붙여 말하거나 남편 또는 그 집의 가장 큰 남자 어른의 이름을 붙여 지칭하는 것이 일반적이었다. 그런데 신라시대 여성들은 개인적 신분에 따라 집안을 대표할 수도 있었던 것이다.

남북국시대 신라의 여성은 신모에서 비롯된 존중사상에 길쌈 등의 산업활동을 통해 모은 경제력이 합쳐져 고대국가에서는 드물게도 독립적인 지위를 지니고 있었던 것이다.

(2) 발해

발해의 경우는 고구려의 영향이 많이 남아 있었다.

> 풍속은 고려 및 거란과 같다.
>
> 『구당서』 권 199 하, 열전 제 149, 북적(北狄) 발해말갈(渤海靺鞨)조.

여기서 고려(고구려)와 같은 것은 고려의 유민집단일 것이고 거란과 같은 것은 말갈족의 경우일 것이다. 그러면 먼저 고려의 여성상태는 어떠했는가. 그것은 서옥제를 기반으로 하여 남성을 배후조종하는 영향력을 가지고 있었음은 이미 밝힌 바이다. 즉 고구려의 여성들은 비록 전면에 자신의 이름을 걸고 나서서 대외활동을 할 수는 없었지만, 결국은 원하는 바를 모두 얻었다. 즉 남편을 대리인으로 삼아 간접적으로 거의 모든 일에 간여한 것이다. 발해가 고려와 같은 풍속을 지니고 있었고 서옥제 역시 계승하여 지켰다면 발해의 여인 또한 상당한 막후영향력을 행사했었을 것이다. 그런데 현재 밝혀진 바로는 발해의 여성 지위는 그 이상이었다.

발해 제3대 문왕(文王)의 둘째 딸이었던 정혜공주(貞惠公主)와 넷째 딸 정효공주(貞孝公主)의 무덤에서는 비문이 발견되었는데, 그 중 완전한 형태를 유지한 채 발견된 정효공주의 비문 내용 중 당시 여성의 지위와 생활을 알 수 있는 구절이 들어 있다.

> …… (공주는) 일찍이 여스승(女師)의 가르침을 받아 능히 사제(思齊)와 비할 수 있었으며, 늘 반소(班昭;『한서』의 저술자 반고(班固)의 동생으로 『한서』를 완성)처럼 詩와 禮를 좋아하여 열심히 하였다. …… 남편이 먼저 죽어, …… 육행(六行;불교의 여섯 가지 실천)과 삼종(三從)을 지켰다. …… 부덕을 지켰다. …… 사망하자 평양공주의 장례식을 본받아 영구를 잠시 멈춰 놓았다가, 일후 정식으로 안장하기를 기다렸다. 그는 고결한 지조를 굳게 지켰으니, 마땅히 이를 역사책에 기록하고 그림을 그려야 할 것이다. …… 그는 부덕에 의해서 행동하고, 정절을 지키는데 훌륭하였다. …… 공주는 음란한 노래는 싫어하고, 고상한 시를 좋아하였다. ……

물론 정효공주는 특수계층의 사람으로 일반 발해여성의 상황과는 많이 다름을 간과해서는 안될 것이다. 그럼에도 불구하고 이 비문에서는 여성과 관련하여 주목할만한 사실이 몇 가지 나온다.

가장 먼저 눈에 띄는 것은 여성 스승이다. 아무리 공주라는 여성의 신분이지만 왕실의 사람이므로 그를 지도하는 자 역시 공식 관직을 지니고 있는 사람이 된다. 그런데 그 성별이 여성인 것이다. 다시 말해서 이 시기 여성이 관직에 오르는 자가 있었다는 것이다. 그 학습내용은 구체적으로 알 수 없으나 그가 시(詩)나 예(禮)에 관심을 둔 것으로 보아 단순한 '가정교육'은 아니었을 것이 확실하다. 여스승이 있었다면 공주 외의 여제자도 있었을 것은 틀림없다. 그 여스승이 공주 한 사람을 위해 공부하고 발탁된 것은 아닐 터이니 말이다. 그렇다면 발해시대에는 여성에게도 이러한 고급수준의 유교사상과 한문교육을 시행했다는 것이고, 공부를 했으니 그에 상응하는 시험도 있었을 것이므로 시험에 통과하여 관직에 오르는 여성들도 배출되었다는 추정이 가능하다. 그렇다면 이 시기 여성은 공식적인 대외활동에도 참여한 것이다. 이는 고구려의 여성이 '비공식적으로만' 우대를 받았던 것과 비견된다.

하지만 한문과 유교사상이라는 것이 단순히 고급지식만이 아닌 중국식 사고방식을 전수해주는 매개체의 역할을 하기 때문에 중국식 남녀관계에 수용은 어쩔 수 없는 것이었다. 더 많이, 더 수준 높게 공부할수록 '부덕(婦德)'이라고 하는 여성억압적 가부장이데올로기에 점점 더 빠져들 수밖에 없었던 것이다. 그래서 수준 높은 학식을 지녔음에도 불구하고 삼종지도(三從之道)라고 하는 예속적 삶을 스스로 선택할 수밖에 없는 것이었다.

'음란'하다는 표현이 나올 정도로 자유분방했고 기상이 넘쳤던 고구려의 여성은 이제 부덕과 정절을 지키며 '고상'하게 생활하였다. 그렇다면 그들이 지니고 있던 에너지가 사라진 것일까?

> 대씨(大氏)가 다른 씨받이와 혼인을 하자 열 자매는 자신들의 남편이 첩을 맞는 것을 용납하지 않았다. 첩을 얻은 남편이 출타하면 그 애첩을 독살하려 모의하였다. 다른 남편이 첩을 얻었는데도 그 아내가 이를 알지 못하면 여러 부인이 떼로 몰려가 싸우며 미워하였다.
>
> 김육불(金毓黻), 『발해국지장편(渤海國志長編)』.

유교의 종법제는 언뜻 여성만을 속박하고 남성에게 한없는 자유를 부여한 듯 보이나, 실은 남성에게도 일처만을 취하며 가정을 잘 다스릴 것을 장려하고 있다. 그러므로 남편이 적처(嫡妻) 외의 여자를 취할 경우, 그 여자의 원래 신분과는 상관없이 첩으로 취급하여 처와는 차별되는 대우를 하게 된다. 즉 유교는 여성에게 극단적인 정절이데올로기를 주입하는 대신 적처에게는 안정적인 신분보장을 해주는 것이었다. 예전처럼 자유롭게 연애하지 못하고 집안에서 아버지, 남편, 아들만을 바라보며 반강제적 절제된 삶을 살던 발해의 여성들은 자신들이 그나마 위안거리로 삼던 종법제하의 일부일처의 원칙을 파괴하는 누군가를 발견하는 순간 억눌렸던 분풀이를 폭발적으로 발산하였던 것이다. 그리하여 발해에는 사창가나 매춘녀가 없었다고 전한다. 유녀가 많았다고 기록된 고구려의 상황과 비교하면 엄청난 변화가 일어난 것이다.

한편 이와는 대조적인 기록이 남아 있다.

> 발해 옛 풍속으로 남녀 혼인하는 것은 예법에 맞지 않고 꼭 먼저 빼앗아 달아나니 조칙으로 이를 금절하고 범한 자는 간음한 것으로 다루었다.
>
> 『금사(金史)』 권 7, 본기(本紀) 제 7, 세종(世宗) 중(中)조.

> 그 습속은 음란하고 투기한다. 그 처가 밖에서 음란하여 다른 사람이 그 남편에게 이르면 남편은 순간적으로 부인을 죽이는데 죽이고 난 뒤 후회하며 반드시 이른 자도 죽인다. 이런 이유로 간음하는 일은 종시 드러나지 않는다.
>
> 『수서(隋書)』 권 81, 열전 제 46, 동이 말갈(靺鞨)조.

낯설지만 흥미로운 기록이다. 앞서 기록에 대개의 풍속이 고구려·거란과 같다고 하였지만, 고구려의 습속에서는 볼 수 없는 것들이므로 당연히 거란의 풍습과 유사한 것으로 보여지고, 발해국 내의 말갈인들의 습속을 반영한 것으로 생각된다.

먼저 혼속을 보면, 이것은 일종의 약탈혼이다. 약탈혼이란 남편이 될 남성의 일방적 의사만으로 성립되는 것으로, 인류학적 연구에 의하면 생존과 종족보존이 무엇보다도 중요했던 원시시대에 주로 발생하였다고 한다. 남성이 상대 여성이나 여성의 가족이 만족할만한 조건을 갖추지 못했다고 느끼면, 몰래 여성을 납치하거나 반대할 수 있는 여성주변의 사람들(주로 가족)을 살해하고 여성을 차지하는 것인데, 이는 집단적으로 행동할 경우 전쟁으로까지 비화되기도 하였다. 한 종족이 부근의 다른 종족과 싸워 상대종족의 남자를 모두 참살하고 여자들만을 약탈하여 처로 삼는 경우이다. 이는 후대 생활이 안정되며 집단간의 충돌에서는 공녀제도로 변화하였으나, 개인적인 경우 일정한 혼례풍속이 생긴 이후에도 종종 발생하였다. 고려시대 처첩의 약탈이나 조선시대에는 과부약탈의 습속이 있었던 것도 이러한 맥락에서이다.

말갈의 조상은 숙신(읍루)족부터 시작되는데, 그들은 인접한 부여나 고구려, 옥저에 비해 아주 늦은 시기까지 씨족사회 단계에서 벗어나지 못했으므로 그들이 처한 경제적 조건은 상대적으로 불리했다. 씨족단계에서 여성은 아직 그 가치를 상당한 수준으로 인정받고 있었으므로 여성과 결합하기 위해서 남자는 육체적 노력에 의한 봉사나 재산적 대가를 충분히 치러야만 했지만, 그것이 불가능한 남자들에 의해 약탈혼은 흔하게 일어났던 것으로 보인다.

그러나 발해시기 말갈족들은 일부 지역의 부족을 제외하고는 일정한 농업수확량을 확보할 수 있는 지리적·기술적 조건을 갖추고 있었으므로 약탈혼이 발생할 이유는 많이 소멸된 상태였다. 게다가 가부장권의 발달은 부권을 무시한 하지만 혼속을 절대 용납하지 않았다. 하지만 지역간·계급간의 격차로 인하여 여전히 빈자계층은 존재하였고, 또한 '유습'이라는 것 때문에 약탈혼의 풍습은 단절되지 않고 지속적으로 나타났던 것으로 보인다.

그런데 이토록 뿌리깊은 약탈혼의 유습을 법으로 금지한 이유는 무엇일까? 물론 강화된 가부장권의 입장에서 이는 반드시 뿌리뽑아야 할 악습임에 틀림없다. 하지만 그보다 더욱 실질적인 원인은 바로 세금징수 때문이었다. 고대의 세금징수는 전세(田稅)보다 인두세(人頭稅)와 호구세(戶口稅)에 치중하였다. 그런데 이렇게 약탈혼을 해서 도망치듯 사라져버리면 그만큼의 세수(稅收) 손실을 가져오게 되는 것이었다. 그러므로 다분히 개인적인 문제로 치부될 수도 있는 이러한 혼속에 대해 국가가 나서 제재책을 마련한 것이다.

한편, 간음한 처를 살해하고 뒤이어 간음사실을 알려준 이까지 살해한다는 기록은 말갈인의 다혈질적인 기질을 보여준다. 이것이 보편적인 사실이라면 말갈의 발진상태는 발해의 중심문화 수준과는 다르게 아직 저급한 상태로 보인다. 보복적인 관습법이 자행되는 것에 대해 별다른 제재조치가 취해지지 않고 있기 때문이다. 하지만 이 기록은 아마도 특수한 몇몇의 경우를 황당하게 목격한 중국인이 사실여부의 확인 없이 남겨놓은 것으로 추측된다. 간음한 당사자인 처를 살해하는 것까지는 당시 인식수준으로 용납될 수 있을지 모르겠으나, 제삼자까지 살해하는 행위를 묵과한 것은 의심스럽기 때문이다. 일정수준 이상으로 농업생산력이 올라가면, 한 사람의 노동력도 아쉬운 형편이 되기 때문에 범죄자를 처벌할 때 노동력의 손실을 가져올 수 있는 사형 대신 평생 노동력을 무상으로 제공하는 노비로 신분을 격하시키는 경향이 있다. 당시 말갈의 농경수준도 이미 일정한 수준으로 올라선 이후이므로, 가장 확실한 노동력인 인간을 살해하는 행위는 엄중히 다스려졌을 것임이 분명하기 때문이다.

Ⅳ. 중세의 여성

중세란 시기적으로 고대와 근대의 사이 시대를 가리키지만, 엄밀한 의미에서 봉건제가 존속했던 시기를 가리킨다. 물론 이것은 유럽사를 기본으로 발생한 개념이다. 이를 한국사에 원용하여 적용시킨다면, 고려·조선시대의 귀족·양반과 불교·유교가 막강한 권력을 갖고 있었으며 문화가 심화되는 시기였다.

여성사에 있어서 중세는 여성억압의 완성기라고 볼 수 있다. 고대시기에 비해 상대적으로 대외적 위협의 정도와 전쟁의 발발빈도가 줄어들자, 남성들은 고대시기 이끌어낸 남성우월주의를 계속 유지하고 더욱 공고히 하기 위해 각종 묘책을 고안하였다. 여성억압과 남녀차별에 관한 근거는 실제적·물리적인 것이 아닌 추상적인 것이 되어 갔고, 고도의 논리가 적용되었다. 그들의 논리와 주장을 수용할 수 없는 여성은 '무식하기 때문'이라는 평가를 감수해야 했다. 훌륭한 여성일수록 차별로 인한 고통을 더욱 감내해야 했다. 혹시 모를 남성 지식인의 반발을 차단하기 위해 성차별 동조자를 포상하기 위한 제도도 마련하였다.

그러나 계급과 성에 대한 차별이데올로기가 정점이 도달하는 순간, 시대는 종말을 고하였다. 과연 이것이 의미하는 바가 무엇일까?

1. 고려시대

(1) 왕실혼

왕실의 경우, 신라왕실과 비슷한 형태를 존속시켜 족내혼이 빈번하였고, 일왕다후(一王多后)제가 일반적이었다. 하지만 왕실혼은 언제나 예외적이며 특수한 경우로서, 혼인의 목적은 유력한 세력을 흡수하려는 데에 있었다.

① 다후제(多后制)

고려의 태조(太祖)가 29인이라는 다수의 왕후와 비(妃)를 두게 된 배경은, 고려가 후삼국을 통일한 것과 관련 있다. 즉 후삼국의 혼란기 토호(土豪)의 대단합을 도모하기 위해 혼인관계를 맺은 것이다. 이런 이유로 왕건(王建)은 국왕으로 즉위하기 전 이미 복수의 처를 두었고, 나중에 맞아들인 비들도 대부분은 즉위 이전에 관계를 맺은 것이었다. 그 왕후와 왕비가 거의 모두 토호의 딸이었음은 물론이다. 예를 들어 제1부인인 신혜왕후 류씨(神惠王后 柳氏)는 정주 부호의 딸이었고 제2부인인 장화왕후 오씨(莊和王后 吳氏)는 나주(목포) 사간(沙干)의 딸이었다.

왕건은 원래 궁예의 요새지 파견장군이었으므로 발령주둔지의 토호와 친교관계를 맺고 이를 유지하는 것은 당연한 일이었다. 토호와의 교분을 나누다가 서로의 이해관계가 합치되는 부분이 있음을 깨닫자 일종의 혈맹관계를 유지하기 위한 방편으로 결혼을 택한 것인데, 왕건이 이때부터 이미 궁예를 배신할 계획을 갖고 있었던 것인지 여부는 명확하지 않다. 그러나 이 때 취한 혼인관계가 왕건의 등극에 절대적 지지기반이 되었음은 말할 필요도 없다.

② 족내혼

태조는 여러 부인을 두었던 까닭에 그 자손도 많았다. 『고려사』 기록에 의하면 아들이 25명이고 딸이 9명이었다. 그는 그 자손들끼리 혼인을 시켰다. 즉 이복남매가 부부가 된 것이있다. 태조가 자손들끼리 혼인을 주재, 또는 용납한 것은 호족의 대단합이라는 대명제를 위함이 첫 번째 목적이었겠으나, 지배계급의 혈연적 배다성향이 더하여 작용하였음은 물론이다. 결국 이 같은 왕실가족사이의 혼인은 몽고간섭기를 제외한 고려 전시기 동안 보편적으로 이루어졌다. 따라서 고려시대 내내 몇몇 예외적인 경우를 제외하면 왕의 정부인은 같은 왕씨 친족 안에서 나왔다.

왕실에서의 족내혼은 왕 입장에서 호족의 대단합과 더불어 왕실의 배후세력을 공고히 한다는 목적이었지만, 호족 입장에서는 특권보장과 그 유지의 주요 수단이 되었다. 그러므로 당연히 외척으로서의 지위를 유지하려고 주력하였고, 또 이를 위해 비등한 세력끼리 연합하여 공존관계를 형성하였다. 외척으로서 가장 세도가 당당할 수 있는 것은 역시 왕의 외조부가 되는 것이었으므로, 이를 위해 필사적으로 노력하였다. 즉 자기 딸의 아들이 왕위에 오르도록 공작하였고, 만약 자신의 딸에게 아들이 없을 경우는 가장 강력한 차기 왕 후보의 부인이 되게 하여, 그 다음 대를 기약하는 것이었다.

③ 양계적(兩系的) 가계

고려 초기 이렇게 치열한 권력다툼에서 일단 밀려나면 그것은 돌이킬 수 없는 가세의 실추로 이어졌다. 태조의 뒤를 이은 혜종(惠宗)이나 3대 정종(定宗)의 경우 그 왕후나 왕비를 모두 이복남매가 아닌 이를 맞아들였다. 바꾸어 말하자면 태조의 국구(國舅)로서 기득권을 형성하고 있는 세력권 밖에서 협조 세력을 구한 것이다. 이것은 중대한 실수였고 그것은 신라 왕실에서부터 지속되어 온 양계적 구조를 간과한 데서 기인한 것이었다.

태조의 혼인정책으로 이미 중앙에는 필요수요 이상의 세력이 응집된 상황이었다. 그러므로 그들 중 상당수는 도태될 것이 분명했고, 이를 간파한 세력들은 살아남기 위해 태조의 재위시부터 족내혼을 통해 이미 서로 비등한 협조세력을 확보하며 각자의 존립기반을 공고히 해나가고 있던 터였다. 혜종이 즉위했을 때 중앙에 남아있는 세력은 이제 왕위보존과 국정운영에 무시할 수 없을 만큼 성장해버렸다. 그 세력권 바깥에는 이들을 견제할만한 세력이 존재할 수 없었던 것이다. 결국 혜종은 스스로 왕위를 장기지속하는 것이나 그 후사를 왕위에 올리는 데 실패하였고, 정종의 경우도 마찬가지였다.

양계적 계승구조는 왕실 내에서 공주들의 성씨 사용에서도 드러난다. 이는 물론 이복남매들을 혼인시키며 표면상 이성(異姓)을 표방하기 위함도 있으나, 그럼에도 불구하고 모계나 조모계의 성씨를 왕실에서 사용하고 있다는 것은 주목되는 현상이 아닐 수 없다. 신라의 경우 족내혼을 행하면서도 부계성씨-대개의 경우 모계도 동성(同姓)이었지만-를 고수하고 있음과 좋은 대조가 된다. 그러므로 왕실 내에서 이성(異姓)씨의 사용은 당시 양계적 사회분위기와 관련이 있는 것으로 보아야 할 것이다.

부모의 양계적 계승구조를 이해하며 왕실 내에서 족내혼을 성사시킨다는 것은 고려시대 권력유지에 있어서 큰 관건이었다. 인주 이씨는 이러한 상황을 꿰뚫어보고 고려 초·중기에 걸쳐 큰 세력을 얻는 데 성공하였다. 문종(文宗)대 이자연(李子淵)의 세 딸이 차례로 문종 임금의 왕비가 된 이후 7대에 걸쳐 혼인관계를 맺음으로써 왕 못지 않은 세력을 구가하게 된 것이다. 1126년에 일어난 이자겸(李資謙)의 난도 고려왕실의 족내혼으로 이자겸이 왕(인종)의 외조부이자 장인이 되었고 고려사회가 양계적 구조를 가졌기 때문에 발생할 수 있는 것이었다.

(2) 왕후·비의 지위와 정치적 영향력

고려의 제도에는 왕의 어머니를 왕태후(王太后)라고 부르며 본처(嫡)를 왕후(王后)라고 부르고 첩(妾)은 부인(夫人)이라고 불렀으니 귀비(貴妃), 숙비(淑妃), 덕비(德妃), 현비(賢妃) 등이 즉 이것이며 품위(秩)는 정1품(正一品)에 해당한다. 기타 상궁(尙宮), 상침(尙寢), 상식(尙食), 상침(尙針) 등도 다 정원과 위차가 있었다. 그러나 정종(靖宗) 이후에는 궁주(宮主), 원주(院主) 혹은 옹주(翁主)라고 부르는 등 변경이 많고 일정하지 않으므로 그 자세한 것은 알 수 없다. 태조는 옛날 법을 본받아 풍속을 개변시킬 뜻은 가지고 있었으나 지방의 풍습에 관습화되어 자기 아들을 자기 딸에게 장가들이면서 타성(外姓)으로 숨겼으며 그 자손들도 이것을 가법(家法)이라고 생각하고 괴이한 일로 여기지 않았으니 유감스러운 일이다.

『고려사』 권 제 88, 열전 제 1, 후비 1.

『고려사』의 후비열전 머릿글 내용의 일부이다. 이 글을 읽으며 유의할 점은, 『고려사』가 조선시대에 편찬되었다는 점이다. 그러므로 조선시대의 가치관이 다분히 반영되어 족내혼에 대한 비판이나 위의 제시문에서는 생략하였지만 유교적 부부관계를 강조하는 문구 등이 실려있는 것이다. 마찬가지로 왕후와 비의 구별 역시 조선시대적인 적서(嫡庶)의 관념이 첨가되었다. 왕후와 비 사이에는 분명 일정한 지위상의 격차가 존재했던 것이 분명하나 그것은 처첩간에 적용되는 개념은 아니었던 것이다. 그러므로 고려시대 비들은 때에 따라 왕후나 왕태후가 해야 하는 역할을 수행하기도 하였다.

왕과의 관계나 왕후, 또는 비의 독립적 지위는 어떠했을까? 고대사회와 마찬가지로 왕비가 정치 전면에 나서서 공식적인 통치를 행하는 사례는 없었다. 그러나 고려사회에 지속되었던 양계적 가계 전승의 관습으로 왕비 역시 왕만큼이 권위를 부여받았다.

> 일찍이 후(后)의 꿈에 포구에서 용이 와서 뱃속으로 들어가므로 놀라 꿈을 깨고 이 꿈을 부모에게 이야기하니 부모도 기이하게 여겼다. 얼마 후에 태조가 수군(水軍) 장군으로서 나주(羅州)를 진수하였는데 배를 목포에 정박시키고 시냇물 위를 바라보니 오색 구름이 떠 있었다. 가서 본즉 왕후가 빨래하고 있으므로 …… 그의 가문이 한미한 탓으로 임신시키지 않으려고 …… 드디어 임신되어 아들을 낳았는바 그가 혜종이다. …… 항상 잠자리에 물을 부어 두었으며 또 큰 병에 물을 담아 두고 팔을 씻으며 놀기를 즐겼다하니 참으로 용의 아들이었다. …… 태조는 낡은 옷상자에 석류 빛 황포를 덮어 왕후에게 주었다. 후는 이것을 대광(大匡) 박술희(朴述熙)에게 보였더니 박술희는 태조의 의도를 알아차리고 왕위 계승자로서 정할 것을 청하였다.
>
> 『고려사(高麗史)』 권 제 88, 열전(列傳) 제 1, 후비(后妃) 1, 장화왕후 오씨조.

태조의 두 번째 왕후인 장화왕후에 관한 기사이다. 먼저 눈에 띄는 것은 왕건이 임신을 원치 않았으나 오씨가 적극적으로 행동하여 임신하였다는 것이다. 위의 기사가 후대에 작성되었음을 감안할 때 '가문이 한미'하다는 것을 액면 그대로 받아들일 수는 없으나, 이후 나주 오씨가 왕비집단으로 다시 진출한 사례가 없음을 생각하면 당시 다른 왕비들의 출신세력에 비해 상대적으로 다소 미약했던 것은 사실로 보인다. 그런데 태조의 아이를 임신하여 출산하고 결국 그를 차기 왕으로 올리는 데 성공했다는 것은 오씨 성품이 상당히 진취적이었음을 보여준다. 또 태조의 숨은 의도를 박술희에게 알렸다는 것은 당시 정국의 판도를 정확히 파악하고 있었다는 것이므로, 그의 행동을 단순한 모정의 극성으로 볼 것이 아니라 상당한 수준의 정치 역량을 지니고 있었던 것으로 파악하는 것이 타당하다.

또한 혜종을 '용의 아들'로 표현한 것은 오씨가 꾸었다는 용꿈이 단순한 태몽이 아니라 오씨 자신이 용의 기상을 얻었음을 의미한다. 용이란 신라 알영왕비 신화에서 보이듯이 수신(水神)을 말하는 것이고 대개의 신화에서 수신은 여성성을 갖고 있는 점을 보면 고려사의 기록이 의도하는 바가 분명해진다.

다른 왕후나 왕비에 관한 기록에서는 그 출신과 관련하여 이러한 신화적 요소가 보이고 있지는 않고 오히려 정숙 등의 부덕이 강조되어 표현되고 있는 점을 보면, 그만큼 개성이 특출 났던 인물이라 하겠다. 비록 다른 후비들과는 대조적이며 그 개성이 유일한 경우이기는 하나 이러한 기록이 남아있다는 것은 고려시대에도 여성의 지위가 일정부분 존중되고 있었음을 반영한다고 생각할 수 있을 것이다.

태조의 첫 번째 왕후인 신혜왕후(神惠王后) 유(柳)씨도 상당히 적극적인 정치참여 자세를 보여준다.

기병 장군 홍유(洪儒), 배현경(裵玄慶), 신숭겸(申崇謙), 복지겸(卜智謙) 등이 몰래 짜고 밤중에 태조의 저택으로 가서 그를 왕으로 추대할 뜻을 함께 말하였다. 태조는 한사코 거절하며 허락하지 않았으나, 부인 유씨가 손수 갑옷을 들어 태조에게 입혔다. 여러 장수들이 옹위하고 나오면서 사람을 놓아 말을 달리며 외치기를, "왕공이 벌써 의기(義旗)를 들었다!"라고 하였다.

『고려사』 권 제 1, 세가(世家) 제 1, 태조 1,
정명(貞明) 4년(918) 6월 을묘(乙卯)조.

궁예 말년에 홍유(洪儒), 배현경(裵玄慶), 신숭겸(申崇謙), 복지겸(卜智謙) 등이 태조의 집으로 와서 폐립(廢立)에 대하여 의논하고자 하였는데 후에게는 알리고 싶지 않아서 그에게 말하기를, "채소밭에 새로 익은 오이가 있을까요? 따오실 수 있겠습니까?"라고 말하였다. 왕후는 그 뜻을 알아차리고 나왔다가 디시 북편 창문으로 해서 휘장 속으로 몰래 들어가 숨었다. 이때 여러 장군들이 드디어 태조를 왕으로 추대하자는 의사를 표시하니 태조가 낯을 붉히면서 아주 한사코 거절하고 있었다. 이때 후가 급히 휘장 속에서 나와 태조에게 밀하기를 "대의를 내세우고 폭군을 갈아치우는 것은 예로부터 그러한 일입니다. 지금 여러 장군들의 의견을 들으니 저도 의분을 참을 수 없는데 하물며 대장부야 말할 나위가 있겠습니까?"라고 하면서 손수 갑옷을 가져다가 그에게 입혀 주었다. 여러 장군들은 그를 옹위하고 나가 그가 드디어 왕위에 올랐다.

『고려사(高麗史)』 권 제 88, 열전(列傳) 제 1, 후비(后妃) 1,
신혜왕후 유씨조.

위 기록의 상황을 그려보면, 왕건이 매우 중대하면서도 은밀한 정치적 대사를 논의하는 자리에 그 부인이 합석했다는 것이 된다. 물론 유씨가 대사 모의를 몰래 엿들은 것이라고는 하나, 중대사안의 판단에 결정적인 역할을 수행했음은 틀림없다. 만약 당시 사회의 전반적 분위기가 조선시대처럼 내외법이 엄격히 적용되는 상황이었다면 이러한 부인의 행동은 있을 수도 없고 설령 실제로 있다 하더라도 지탄거리로 표현될 수밖에 없다. 게다가 장화왕후 오씨와는 달리, 신혜왕후 유씨는 떠나버린 왕건에 대한 정절을 지키기 위해 머리를 깎고 비구니가 되기까지 할 정도로 '부덕'을 보이는 인물이다. 그러한 유씨가 중차대한 정치적 사안에 직접적으로 간여했다는 것은 더욱 놀라운 일이 아닐 수 없다.

유씨와 오씨의 사례를 통해 보면, 당시 여성은 간접적이나마 적극적으로 정치에 간여할 수 있는 여지가 충분했음이 틀림없다. 또한 왕이 그러한 왕후의 태도를 용인하고 있었다는 것은 왕실이라는 특수한 경우이기는 하나, 부인을 여러 사안의 결정에 있어 가장 신뢰하는 협력자로 여기고 있음을 알 수 있다. 그런데 이러한 '아녀자의 극성'이나 '내조'를 초월한 확실한 정치적 권세를 보여준 경우도 있다.

경종(景宗)의 왕후이며 목종의 모후인 헌애왕태후(獻哀王太后) 황보(皇甫)씨는 섭정의 형태로 직접 정치에 참여하였다.

> 목종의 나이가 이미 18세나 되었으나, 태후가 섭정하며 천추전(千秋殿)에 거처하여, 세상 사람들은 그를 천추태후(千秋太后)라고 불렀다. 그가 김치양(金致陽)과 간통하여 아들을 낳고 그 아들을 왕위 계승자로 정하려고 하였다. 당시 현종(顯宗)은 대량원군(大良院君)으로 있었는데 태후가 그를 꺼리어 억지로 승려로 만들어 삼각산(三角山) 신혈사(神穴寺)에 나가 있게 하였다. 그래서 당시 사

> 람들이 '신혈소군(神穴小君)'이라고 불렀는데 태후는 누차 사람을 보내 그를 죽이려고 하였다. 하루는 궁인(內人)을 시켜 술과 떡을 보내면서 그 속에 모두 독약을 넣었다. 궁인이 절에 가서 소군을 만나고 친히 음식을 먹이려고 하였는데 절의 어떤 중이 갑자기 소군을 땅굴 속에 숨겨 두고 거짓으로 "소군이 산으로 놀려 나갔으니 간 곳을 어찌 알겠느냐?"라고 속였다. 궁인이 돌아 간 후에 그 음식을 뜰에 버렸더니 까마귀와 참새들이 그것을 먹자 즉시 죽었다. 또 태후는 충신과 의로운 사람들을 더욱 꺼리어 죄 없는 이들을 모함하는 것이 많았으나 목종은 막지 못하였다. 12년 정월에 천추전에 화재가 나자 태후는 장생전(長生殿)으로 들어갔다. 후에 강조(康兆)가 김치양 부자를 죽이고 태후의 친척들을 섬에 귀양보냈다. 또 사람을 시켜 목종을 죽였다. 그래서 태후는 황주(黃州)에 귀양가서 21년 간 있었다. 현종 20년(1029) 정월에 숭덕궁(崇德宮) 者에서 죽었는데 향년 66세였고 유릉(幽陵)에 매장하였다.
>
> 『고려사』 권 제 88, 열전 제 1, 후비 1, 헌애왕태후 황보씨조.

이미 성장한 왕을 무시하고 섭정하며 전횡을 휘두른 것도 대단하지만, 이를 제재할 만한 세력이 없었다는 것은 더욱 놀랍다. 이러한 모후의 권위는 단기간적 상황에 기인한 것으로 보이지는 않는다. 아들인 왕이 시해 당하고 다른 외척집단 계통의 왕이 새로이 등극했음에도 불구하고 여전히 살아 남아 당당히 궁궐에서 임종을 한 것을 보면, 당시 왕후, 또는 모후가 갖고 있는 권위는 어쩌면 왕 이상의 것이었을 수도 있다는 가정을 하게 한다.

헌애왕태후 황보씨가 당시 대량원군이었던 현종을 그리 미워

했던 것은, 아들인 목종이 모후인 황보씨가 김치양과의 사이에서 낳은 아들을 세자로 만들려고 하는 것을 미리 알고 대량원군을 세자로 책봉했기 때문이었다. 헌애왕태후의 독살시도가 무산되자 김치양은 궁궐에 불을 질러 반역을 꾀하였으나, 강조에 의해 실패하게 되었던 것인데, 현종이 왕위에 오르자 모든 사건의 원인 제공자였던 왕태후는 살아남고 오히려 현종을 지지했던 목종이 죽음을 당한 것이다.

이후로도 헌종(獻宗)의 모후였던 사숙태후(思肅太后) 이(李)씨가 2년 동안 섭정하며 대소사를 전횡한 사례가 있고, 충숙왕(忠肅王)의 왕후인 명덕태후(明德太后) 홍(洪)씨가 우왕(禑王) 때 섭정하였으며, 공민왕(恭愍王)의 정비(定妃) 안(安)씨가 창왕(昌王)의 즉위 전교를 내린 일도 있으나, 헌애왕태후의 경우와는 달리 이들 배후에는 외척이나 권신 세력이 실권을 장악하고 있었으므로 독단적인 전횡이나 실질적인 섭정권의 행사는 곤란했던 것으로 보인다.

분명한 것은 비록 명분상으로는 간접이지만 실제로 여성에게도 직접 정치참여의 기회가 주어졌다는 것인고, 보다 더 주목되는 것은 그들이 행한 정치의 성패와 관계없이 권위가 존중되었다는 점이다.

(3) 혼인과 부부관계

① 혼례법

혼인절차에 관한 한, 왕실의 경우 분명한 혼례가 존재하였다. 조선시대와 마찬가지로 납채(納采)·납폐(納幣)·친영(親迎)의 유교적 가례가 갖추어 시행되었다. 그러나 일반 계층의 경우 아직 특정한 혼례법이 확정되지 못했던 것으로 보인다.

> 혼례는 저녁에 친척들이 모여 단촐하게 치렀으나 최근에 이르러 예물이 많아지고 잔치가 커졌다.
>
> 『용재총화(慵齋叢話)』 권 1, 고자혼가납채(古者婚家納采).

즉 신라시대 혼례잔치를 치르는 형식이 계속 이어진 것으로 보인다. 단 혼속에 있어서는 일반민들 사이에서도 삼국시대 고구려의 서옥제의 유습이 몽고풍이 유행하기 이전인 고려 중기까지 강하게 남아 있었다.

위에서 태조 왕건이 많은 부인들을 즉위 이전에 만났었음을 언급한 바 있다. 그러나 대다수의 경우는 관계 직후에 부인을 맞아들이지 않고 즉위 후에 불러들였다. 왕건이 두 부인 외의 여인들과의 관계 직후 부인으로 맞아들이지 않았던 이유는 두 가지의 경우로 상정해 볼 수 있다.

첫째 왕건과 토호간에 이해관계가 합치되었을 때 이를 빌미로 왕건이 성적 유희를 위해 여인을 강탈했을 가능성을 생각해 볼 수 있다. 즉 혼인의 의사 없이 관계를 갖았다는 것이다. 그러나 이 가능성은 희박하다. 아무리 '전도양양'해 보이는 청년이었을지라도 당시 왕건은 궁예의 일개 부장에 불과했고, 상대는 해당 지역에서 막강한 권력을 가진 토호세력이었다. 게다가 처음 교분을 나누는 상황에서는 토호 쪽보다는 영향권을 확장하려는 궁예측의 왕건 쪽에서 적극적으로 친화책을 펼쳐야 했다. 그런데 왕건이 순간적 유희를 즐기기 위해 수습하기 어려운 사건을 만들어 냈으리라고는 생각되지 않는다.

보다 가능성이 많은 두 번째 추측은, 서옥제, 즉 남귀여가혼의 혼속으로 인한 혼인의 불성립이다. 후삼국과 고려초기까지는 아직 고대의 서옥제 유습이 강하게 남아 있어서 왕건 역시 정식 혼인의 절차를 밟기 위해서는 혼인 이후 얼마동안 처가에서 머물러야 한다. 그런데 당시 파견장군이라는 왕건의 신분상 곧 다른 지역으로 전출되어 감으로 자연히 혼인관계가 성립되지 못한 것이다. 이것은 후일 왕건이 즉위한 이후, 그와의 연결을 필요로 한 토호들이 딸과의 예전 인연을 매개로 하여 접근했을 때 왕건이 대부분 받아들인 점에서 가능성이 높다고 하겠다. 토호들은 왕건과의 연결매체인 딸을 십분 이용하고자 자의반 타의반으로 딸을 다른 곳으로 혼인시키지 않고 기다리거나 심지어는 여승으로 만들어 절개를 지키도록 한 사례가 나타나기도 하는데, 이는 혼인이 정식으로 성립되지는 않았지만 유교적 정절개념을 강조하여 왕건에게 호감을 사고자 한 행위로 보인다.

② 통혼(通婚) 범위

또한 자유로운 연애와 혼인이 가능하였으나, 실제 통혼(通婚) 범위는 대개 계층내혼이 일반적이었다.

먼저 왕을 제외한 왕족의 경우는 종실의 동성혼 내지 부계(父系) 근친혼이 일반적이었다. 국왕도 즉위 전에 혼인하는 경우는 종실끼리 이루어지는 경우가 많았다. 이러한 근친혼은 몽고 간섭기 다른 성씨와의 통혼을 강요받으며 잠시 사라지기도 하였다.

지방의 호장층은 같은 지역내의 같은 신분끼리 통혼하는 경향을 보였다. 입사(入仕)계층은 전국적인 범위의 계층내혼을 행하였다. 그 출신성분이 토호일 경우는 동성동본혼이 일반적이었다. 관인(官人)층은 동성동본혼을 기피하였는데, 이는 유교적 학습의 영향으로 보인다. 이러한 경향은 점차 양인계층으로 확대되었다.

양인(良人)층, 즉 일반 서민의 경우, 농업의 정착적 특성상 근거리에서 통혼이 이루어졌고 이것은 결국 동성혼도 수용하게 만든 환경적 요인이 되었다. 그러나 상위계층과 마찬가지로 원의 간섭기 이후부터 점차로 동성동본혼을 기피하는 경향을 보였다. 이러한 양인층의 풍습은 그대로 조선시대로 전해져 조선시대는 계층에 관계없이 동성동본은 혼인하지 않는 원칙이 발생한 것이다.

③ 결합의 형태

왕실의 종실이나 사족(士族)을 포함한 상층신분뿐만 아니라 향리(鄕吏)와 서인(庶人)은 물론 하층민에 이르기까지 일부일처제가 기본이 되었다. 서옥제가 보편화되어 있는 상황에서 일부다처제가 발생하기는 어려웠을 것이다. 호적에 나타난 바에 의하면 평균적으로 혼인 후 10년 정도를 처가에서 지내는데, 처가에 지내며 또 새 부인을 맞아들인다는 것은 거의 불가능한 일이었다. 또한 농업으로 인해 지연과 혈연이 복합된 공동체 안에서 누대에 걸쳐 살아가는 생활 조건상 누구는 일부다처를 향유하고, 누구는 평생 홀아비로 지내며 계층간의 위화감을 조성하는 것은 별로 이득될 게 없었다. 물론 상급계층에서 성적 향락을 위해 첩을 들이는 경우는 없지 않으나, 다처를 맞아들인 사례는 아직까지 발견되지 않고 있다.

왕은 이 경우에도 예외적이며 특수적이어서 다처혼과 이성혼(異姓婚)을 하기도 하였으나, 대부분 왕족들은 동성혼·근친혼의 일부일처제가 일반적이었다. 단 몽고와의 전쟁 이후 일부다처의 풍습이 일부 지역에서 유행하기도 하였다.

한편 일부 남아 있는 고려시대의 호적에서는 남편과 아내를 '부처(夫妻)'로 표현하고 있는데, 이것은 '부부(夫婦)'라는 표현보다 더 평등한 의미를 지니고 있다.

④ 혼인 연령

고려 말기 호적에 의하면, 일반민의 혼인 연령은 대개 남자 20세, 여자 18세이다. 상층 신분일수록 조혼의 경향을 보이고 있으나 이는 원나라가 상층신분의 공녀를 요구한 데 기인한 것으로 일시적인 현상으로 보인다. 풍습은 상층에서 하층으로 옮겨지는 경향이 있으므로 고려 말 일반민의 혼인 연령은 고려초기 상류층의 혼인 연령이었을 것으로 보인다.

노비의 경우는 좀 다른데, 부부간의 연령차가 크고 남자보다 여자의 나이가 더 많은 경우도 있었다. 또 매매시 남자 노(奴)보다는 여자 비(婢)의 가격이 더 높았는데, 이는 출산능력과 사치노예로서의 성격상 비의 가치가 더 높게 책정된 것으로 보인다.

(4) 여성의 사회적 지위

① 정치적 입지

여성의 사회적 지위는 삼국시대보다 오히려 위축되었지만, 그래도 가정 내에서의 지위는 여전히 강력하였다. 여왕은 출현하지 않았고, 왕비가 국왕과 함께 민정을 시찰한 사례가 한 건도 발견되지 않은 점은 신라시대보다 여성의 정치적 입지가 좁아진 것으로 보인다. 그러나 위에서 살펴보았듯이 왕의 후나 비로소 시안결정에 간접적으로 간여하거나 혹은 왕의 모후로서 섭정의 형식을 통해 직접적으로 정치에 참여한 사례가 발견되고 있는 점으로 미루어보아 고려시대 여성의 정치적 지위도 한정된 상황 내에서 일정부분 인정되었던 것으로 보인다.

② 가족 내 지위

가족 내에서도 고려 중기까지 남편의 호주권(戶主權)은 부인이 상속받았다. 아들이 있어도 부인이 호주가 된 것이다.

또한 호적의 기록은 연령순일 뿐, 아들과 딸 사이의 차별은 없었다. 이는 친족에 대해 양계적(兩系的)인 인식이 있었기 때문에 일어난 일이었다. 아들과 사위, 그리고 친손과 외손을 동일시했으며, 심지어는 국가에서 내리는 음서의 혜택을 사위나 외손이 입는 경우도 발생했다. 고려사회의 신분적 특혜 제도 중 하나인 음서의 시행에 있어, 그 대상이 아들이나 손자 등의 부계 자손에게만 국한된 것이 아니라 사위나 외손에게도 기회가 주어졌다. 이와 관련하여 조선시대 '3족'이라 함은 나를 기준으로 하여 위·아래 세대를 지칭하였으나, 고려시대의 '3족'은 부계(父系)·모계(母系)·처계(妻系)를 의미하였다. 즉 고려 음서의 포상 범위는 바로 이 '3족'이었던 것이다. 그런데 이 3개 족 중 2개 족이 여성과 관련되어 있다. 그러므로 오히려 남성보다는 여성쪽이 출세하고자 하는 남성에게 유리한 기회를 더 많이 제공해 주는 셈이었다.

게다가 고구려 이후로 지속된 서옥제의 전통은 감정적으로도 외가와 처가에 대한 친근감을 증대시켜 주었다. 이러한 이유로 가부장권이 발달되어 있는 고려사회에서 양계적 친족구조가 형성되고 유지되었던 것이고, 이것은 다시 여성에게 정치 이외의 부분에서 남성과 차별 없이 대우받을 수 있는 사회적 분위기를 제공해 준 것이었다.

고려시대 여성의 묘지명(墓誌銘)이 남성 못지 않게 정성스럽게 만들어졌고 개성 있는 이름도 발견되어, 조선시대 이름을 잃고 고향이나 당호(堂號)로 불리던 상황과 비교됨은, 당시 여성의 사회적 위상을 반영하는 것이다.

③ 재산권과 상속권

모든 재산은 남편과 아내, 각각에게 귀속되었다. 일종의 부부별산제(夫婦別産制)이다. 노비의 경우, 남편과 아내가 모두 사망했는데 상속상의 문제가 발생하면 아내에 귀속되어 있던 노비는 처가로 환속되었다. 부동산 역시 각자가 관리했다.

소유재산의 원천격인 상속에 있어서 '균분의 원칙'이 시행되었다. 아들과 딸, 기혼과 미혼, 장남과 차남 등의 차별이 없었다. 단 이것은 절대적인 것이 아니어서 때에 따라서는 피상속인의 자의대로 차별적 상속도 이루어졌던 것으로 보인다.

…… 당시에 어떤 남매가 유산문제로 서로 송사를 제소하였다. 남자 동생의 불만은 "부모의 유산을 누이 혼자서만 독차지하고 동생인 나에게는 분재해 주지 않는다"는 것이었고, 누이의 주장은

"아버지가 세상을 떠날 때 가산 전부를 나에게 주었고, 너에게는 검정 옷(緇衣) 한 벌, 검정 갓(緇冠) 하나, 미투리(繩鞋) 한 켤레, 양지(兩紙) 한 권만 남겼다"는 것이었다. 이 때 도안찰부사인 손변이 두 남매를 불러다가 상속 당시 정황을 묻고 판결하기를 "부모의 마음은 어느 자식에게나 다 같은 법인데, 출가한 딸에게만 후하고 총각 아들에게는 박하게 하겠는가? 아마도 어린 아들이 의지할 데는 누이밖에는 없는데, 재산을 나누어주면 동생에 대한 누이의 사랑과 양육이 부족하지 않을까 우려하였던 것 같다. 그 네 가지 물건만 동생에게 남긴 까닭은 아이가 장성해서 재산 때문에 분쟁이 생기면 의복을 갖추고 관가에 가서 고소하여 분재하라는 의도였을 것이다"라며 재산을 반분해서 남매에게 나눠주었다.

『고려사』 권 제 102, 열전 제 15, 손변(孫抃)조.

위의 기사는 상속권에 있어서 여성과 남성이 동등한 권리를 가지고 있었음을 보여준다. 더불어, 홀로 남겨진 남동생을 부계친족이 입양하지 않고 그 누이가 양육했다는 것은 당시 친족범위의 개념이 남·녀간 차별 없이 형성되어 있었음을 알게 한다.

균분의 재산상속은 가정 제례의 주관이나 불사 지원 등의 재산권 행사에 있어서 여성의 역할을 증대시켜 여성의 사회·경제적 위상을 높이게 하였다. 남성들이 대외적 공무(公務)에 치중한 까닭에, '가정사'에 속하는 제례준비는 여성의 일이 되었기 때문이었다.

④ 재혼

남녀간의 역할 분담이 철저했으므로 사별한 경우 혼자 살아간다는 것은 많은 곤란을 야기했다. 그러므로 어느 쪽이 사망하던지 곧 재혼하는 것이 일반적이었다. 이는 생업에 육체적 노동으로 종사하는 서민뿐만이 아니라 상류계층의 여성도 마찬가지였다. 몇몇 왕후와 비의 경우에서도 재혼의 사례가 확인된다.

> 안종(安宗) 왕욱(王郁)은 집이 왕륜사(王輪寺) 남쪽에 있어서 경종(景宗)의 왕비(王妃) 황보(皇甫)씨의 집과 가까웠었다. 경종이 죽은 후 왕비는 자기 집으로 나와서 거처하였는데 왕욱이 드디어 정을 통하여 왕비가 임신되었다. 그 일이 발각되니 성종은 왕욱을 사수현(泗水縣)에 귀양보내면서 말하기를 "숙부가 대의를 범한 까닭에 귀양보내는 것이나 초조한 마음을 가지지 말도록 조심하오"라고 하며 내시 알자(謁者) 고현(高玄)에게 명령하여 압송하게 하였다. …… 왕욱을 귀양보내던 날 황보씨가 아기를 낳고 죽자 성종이 보모를 선택하여 그 아이를 길렀다. …… 그가 바로 후일의 현종(顯宗)이다.
>
> 『고려사』 권 제 90, 열전 제 3, 종실(宗室) 1, 안종(安宗) 욱(郁)조.

안종은 태조와 신성(神成)왕후 김(金)씨 사이에서 출생한 인물이다. 그가 질부(姪婦)가 되며 게다가 선왕의 왕후인 헌정(獻貞)왕후 황보씨와 정을 통하여 임신까지 시킨 것이다. 헌정왕후 황보씨는 태조의 아들인 대종(戴宗)의 딸로, 전남편이었던 경종의 뒤를 이어 왕위에 오른 성종과는 친남매간이었다. 안종과는 남편을 기준으로 시숙부가 되는 것이고, 본인으로서도 친숙부였다. 당대 이들의 간통이 정식혼인으로 인정받지 못한 것은 물론이고 대의를 져버린 것으로 논죄하여 안종이 귀양까지 보내어진 것은 현대의 친족개념을 가지고도 충분히 납득되어 지는 바이다. 그런데 그 둘의 소생인 현종이 성종의 대를 이어 왕위에 오른 것은 그저 놀라울 뿐, 이해가 되지 않는 사실이다. 결국 이것은 왕비라는 최상급이자 특수한 신분조차도 재혼이나 간통이 어느 정도 용납되어졌다는 사실을 반증하는 것으로 보인다. 물론 이들이 각각 생존하는 배우자가 없었다는 점도 감안되어져야 할 것이다.

앞 절에서 언급한 헌애왕태후 황보씨도 남편인 경종의 사후 목종의 섭정 중 김치양과 간통하여 임신까지 하고 그 소생을 왕위에 올리려고까지 했던 점을 상기하면, 안종과 헌정왕후 황보씨의 관계가 당시 중대 범죄로 취급되는 것은 아니었음을 짐작할 수 있다. 흥미로운 사실은 이 사건의 두 여주인공이 같은 전남편을 둔 친자매라는 점이다. 그러므로 경종 사후 즉위한 성종과는 모두 남매지간이 되는 것이고, 헌애왕후가 그토록 독살하려고 했던 현종은 그의 조카(甥姪)가 되는 것이다. 7년간 재위하고 사망한 경종의 부부관계에 심각한 문제가 있었던 것이었는지는 알 수 없으나, 여기서 주목하고자 하는 것은 제도적・윤리적 제재가 일반보다 많을 것 같은 특정신분의 여성들조차도 남편 사후의 애정사에 있어서 자유로웠다는 것이다. 이를 조금 더 확대해석해 본다면 왕비나 모후 같은 권력층이 아니었다면 정식 재혼도 가능했을 것으로 보인다.

(5) 몽고의 영향

1231년부터 시작되어 약 30년에 걸친 대몽고전쟁을 화의로 끝내고, 이후 100여 년 간 몽고의 정치적 간섭을 받게 되며 사회 전반에 변화가 나타났다. 고려의 입장에서 몽고 왕실의 부마가 된 것은 국가적 위기 상황에서 이를 극복하려는 노력의 일환이었다. 그 결과 몽고 왕실에서 지위를 높여 급기야 원나라의 왕위 계승에까지 영향력을 행사하였고, 원(元) 지배하의 중국에서 한인(漢人)이나 남인(南人)보다 우월한 지위를 누렸다. 한편 몽고와 긴밀한 관계를 유지하며 빈번한 접촉을 한 결과, 많은 몽고의 풍속이 들어와 고려에 영향을 미치게 되었다.

원의 고려 지배는 기본적으로 원의 세조(世祖) 쿠빌라이가 천명한 '한의 법으로 세계를 통치하되, 고유풍속은 고치지 않는다(以漢法治四夷 不改土風)'는 원칙 아래서 시행되었다. 그러나 제도상으로는 원나라 황제의 세력권으로 편입되어 황제를 뜻하는 '종(宗)'자나 '조(祖)'자의 사용을 금지 당하고, 대신 '왕(王)'자를 사용하되 그 첫 글자에 황제에 대한 충성을 의미하는 '충(忠)'자를 덧붙이도록 강요되었다. 또한 고려의 왕이나 왕세자로 하여금 원나라의 황녀(皇女)와 혼인하도록 하여 사기상의 저하는 물론 실제적으로도 내정간섭을 받게 되었다.

몽고 간섭기의 시작인 제 25대 충렬왕은 정화궁주(貞和宮主)와 숙창원비(淑昌院妃) 김씨(金氏)를 이미 비로 맞아들였음에도 불구하고, 1274년 5월 새로이 원 세조(쿠빌라이칸)의 딸인 장목왕후(莊穆王后; 齊國大長公主; 몽고명: 홀도로게리미실)와 혼인하였다. 그가 선왕인 원종(元宗)의 사망 후 왕위 계승을 위해 고려로 귀국할 때 몽고풍속인 변발(辮髮)과 호복(胡服)을 한 모습으로 나타나자 많은 고려인들이 탄식하였고 심지어 우는 자까지도 있었다고 한다. 그러나 이러한 문화적 이질감에 따른 저항 심리도 잠깐동안 표출되었을 뿐이고 곧 '최신 유행'으로 번져갔다.

한편 왕실의 입장에서, 비록 국가적 자존심이 엄청나게 훼손당한 것은 사실이나, 그러나 세계제국을 건설한 국가와의 혼인관계를 맺은 상황은, 양국의 우호관계를 공고히 할 수 있는 명분상의 이유 외에, 역대 권신들의 발호에 억눌려오던 왕실의 지위를 회복하고 강화될 수 있는 전화위복의 계기를 마련한 셈이었다. 이러한 이유로 고려사회에 몽고풍을 유행시키는 데 왕실이 앞장서게 된 것이다.

먼저 제국대장공주가 고려에 와서 몽고양식의 생활을 하며 궁궐 안팎의 건물 구조나 장식, 조경 등의 일체분위기를 몽고풍으로 바꾸고, 시종까지 원나라에서 데리고 와 고려왕실에는 몽고의 풍속, 언어 등이 퍼지게 되었고, 이는 다시 고려 수도를 중심으로 하여 전국으로 서서히 전파되어 갔다.

또한 고려왕을 부마로 삼은 몽고 왕실은 고려 왕실의 동성혼과 근친혼이 몽고 공주에게 불리한 제도라고 여기고 다른 성씨끼리의 결혼, 즉 이성혼(異姓婚)을 강요했다.

새로이 유행되기 시작한 이성혼은 공민왕 후반기에 복고적 자주성 회복 바람이 불며 왕실에서 동성혼 경향이 다시 나타나자 잠시 수그러들기도 하였으나, 새롭게 대두된 성리학적 동성불혼(同姓不婚) 개념과 맞물려 조선시대로까지 전해졌다.

한편 고려 후기에 등장한 권문세족 집단은, 무신집권기 그 세력이 잠시 주춤했던 고려 전기의 문벌귀족에 무반가문과 부원(附元)세력이 더해진 것으로 당연히 전기의 문벌귀족에 비해 그 규모가 커진 것이었다. 지역적으로나 수적으로 확대된 이 권문세족 집단은 수도 지역을 중심으로 유행한 몽고풍을 고려 각지에 전파시키는 데 매개체 역할을 수행했다.

(6) 부처형태의 동요

여성과 관련된 몽고풍 중 가장 주목되는 것은 일부다처 풍습이었다. 왕실과 관인들, 그리고 원에 접경한 동북면·서북면의 실력자 사이에 일부다처제의 경향이 나타나기 시작했다. 축첩이 아닌 다처였으므로 기존 일부일처제하의 여성들에게는 위협적인 유행이 시작된 것이다.

고려사회 다처제의 출현에는 장기간의 대몽고전쟁으로 인한 성인 남성수의 격감도 한 원인으로 작용한다. 이는 곧 다처제를 정식 법제로 제정하려는 시도의 근거로 작용하였다. 그러나 결국 다처제의 법제화는 무산되고 말았는데, 그것은 고려 여성들의 집단적 시위와 고급 관인들 처의 반발 때문이었다.

> 박유가 왕에게 상소하기를, "우리나라는 본래 남자가 적고 여자가 많은데 지금 신분의 고하를 막론하고 처를 하나 두고 있습니다. 아들이 없는 사람들도 감히 첩을 두려는 생각을 못합니다. 그런데 외국 사람들이 우리나라에 와서는 인원수의 제한 없이 장가를 드는데 이대로 두었다가는 사람들이 모두 북쪽으로 몰려갈까 우려됩니다. 그러므로 청컨대 여러 신하, 관료들로 하여금 서처(庶妻)를 두게 하되 품위에 따라 그 수를 축감하도록 하여 일반 백성에 이르러서는 1처1첩을 두도록 하고, 서처에서 낳은 아들도 역시 본처가 낳은 아들처럼 벼슬을 할 수 있도록 해 주십시오. 이렇게 하면 나라에 원망을 하는 자도 없을 것이고 인구도 증가될 것입니다." 하였다. 부녀자들이 이 소식을 듣고 원통해 하였는데, 마침 연등회 날 저녁에 박유가 왕의 행차를 호위하고 따라가는 것을 어떤 노파가 보고 손가락질하며 외치기를, "첩을 두자고 요청한 자가 바로 저 못된 늙은이다!" 하니, 얼마나 사람들이 손가락질을 했던지 거리와 골목에서 붉은 손가락이 한 무더기가 되었다. 당시 재상들 가운데에는 그 처를 무서워하는 자가 있었기 때문에 그의 건의를 논의하지 못하게 되어 결국 실행되지 못하였다.
>
> 『고려사』 권 제 106, 열전 제 19, 박유(朴褕)조.

초기에는 '다처'란 표현을 감히 쓰지 못하고 위의 기록처럼 '서처(庶妻)'라는 표현을 썼을 정도로 그 영향이 크지 않았다. 그런데 충선왕 즉위 후 원 황제가 성지(聖旨)를 통해 관인의 동성동본혼을 금지시킨 이후 상황이 변했다. 동성동본혼 금지는 사회 전 계층에게 확대 파급되었는데, 이성혼이라는 사회적 여건의 변화는 일부다처제의 존립을 용이하게 하는 것이었다.

고려 말에 이르러서는 다처제가 깊이 확산되어 조선 개창기까지 이어졌다.

유교적 윤리로는 다처제가 인정되지 못함은 앞서 설명한 바 있다. 다처제란 동등한 지위의 처가 동시에 같은 생활 단위 내에서 복수로 존재하는 것인데, 처(妻)가 부(夫)의 종속적인 존재로 취급되는 중국의 유교적 윤리, 특히 종법의 원칙에는 맞지 않는 것이었다. 그래서 조선이 건국된 이후 다처제는 처첩제로 변환되었다. 이는 선의의 피해자를 만들어내는 일이 되어버렸는데, 그것은 원래 처로서 혼인한 여자가 정권이 뒤바뀌자 졸지에 천한 첩의 신분으로 하락하고 만 것이었다. 첩은 그 자신만 천대를 받는 것이 아니고 그 자손까지도 차별 받기 때문에 이들의 원망과 그로 인한 갈등은 증폭될 수밖에 없었다.

한편 몽고전란이 끝난 직후, 졸지에 과부나 고아가 되어 생계에 곤란을 겪는 여성들이 많았음은 당연한 일이다. 이런 여성들은, 다행히 근친의 도움을 받을 수 있는 일부를 제외하고는 대부분 생계를 위해 물불을 가릴 처지가 못되었다. 이들에 대한 국가적·사회적 보호장치가 없던 당시, 젊은 여성들이 가장 쉽게 생계벌이를 할 수 있는 방법은 역시 매춘이었다.

이러한 상황은 '쌍화점(雙花店)'이라는 고려속요에서 잘 드러나고 있다. 내용은, 주인공인 한 여자가 네 남자, 즉 회회아비(서역상인), 삼장사의 주지, 우물의 용, 술집아비 등과 '어쩔 수 없이' 성관계를 갖게 되는데, 그 때마다 소문이 날까 조심한다는 것이다. 여기까지는 단순한 생계벌이 차원에서 이해할 수도 있다. 그런데 각 장의 후렴구에 들어가는 내용을 보면 조금 다른 분위기를 보여준다. 주인공의 행위를 알게 된 다른 여인이 자신도 그런 관계를 맺고 싶다고 하는 것이다. 문란한 성생활이 주인공만의 특별한 경우가 아닌, 일반적 상황임을 알게 하는 것이다. 이것은 당시 성윤리가 자유분방하다 못해 혼돈한 상태에 있음을 보여준다.

고려후반기의 이러한 관념의 일차적 원인은 물론 전쟁으로 인한 여성의 생계곤란 때문이다. 하지만 같은 상황이 조선시대에 발생했다면 그 이후의 전개양상은 전혀 다른 것이 되었을 것이다. 아마도 수많은 여성들이 절개를 지키려 자결했을 것이고, 고아들은 부계친족에 의해 입양되었을 것이다. 실지로 조선의 왜란과 호란 이후 그러한 사례가 종종 발생하였다.

고려시대는 조선시대에 비해 여성에 대한 성차별적·억압적 이데올로기가 그리 강하지 않았던 것으로 보인다. 즉 정조나 일부종사(一夫從事)의 개념을 목숨과 맞바꿀 정도로 강요하지는 않았던 것이다. 그래서 생계의 어려움에 봉착하면 '몸으로 해결'할 수도 있다는 여성의 태도가 사회적 용인을 받아낸 것이다.

하지만 쌍화점에 나타난 여성들의 성윤리가 고려의 일반적 인식으로 보이지는 않는다. 전쟁 직후 생계를 위한 여성의 문란한 성생활을 묵과했던 고려인들이 연이어 들어온 현지처·다처제 등 몽고관습으로 인하여 가치관의 혼란을 겪는 과정에서 성윤리의 문란이 일어난 것으로 보인다.

2. 조선시대

(1) 다처제의 처첩제로의 전환

고려 말에 이르러 몽고의 정치적 영향력은 소멸되었으나, 부처제의 일부 변질 등 사회에 끼친 몽고적 유습은 고착화되었다. 이는 고려가 멸망하기 직전인 1392년 도평의사사(都評議使司)에서 관인의 부인과 어머니에 대한 봉작(封爵)을 제정하며 정처(正妻)와 차처(次妻)의 경우를 열거하고 있는 데서 확인할 수 있다.

> 대체로 부인(婦人)은 처녀(室女)로부터 남의 정처가 되었을 때에 봉작을 받을 수 있는데, 아버지가 관직이 없는 적모(嫡母)가 아들이 없고 둘째 아내의 아들이 관직이 있을 때에는 그 적모에게 작위를 봉할 것이요, 둘째 아내는 비록 남편으로 인하여 봉작을 받지는 못하나 그의 낳은 아들이 관직이 있으면 어머니는 당연히 아들로 하여 귀하게 되는 예에 따라 현군의 작위를 받을 것입니다.
>
> 『고려사』 권 제 75, 지 제 29, 선거(選擧) 3, 전주(銓注), 공양왕(恭讓王) 3년 8월 도평의사사의 상언.

이러한 상황은 이성계 일파의 사고에 변화를 초래하여 조선시대에 사회제도화하기에 이르렀다. 이성계와 그의 핵심적 군사기반은 쌍성총관부(雙城摠管府)였던 동북면에서 형성되었는데, 이

지역은 몽고의 다처제 영향이 더욱 심하여 조선 건국초기에는 다처제가 자연스러운 사회 습속으로 자리잡았으며, 이로 인하여 처첩제로의 급격한 전환은 곤란했던 것이다.

하지만 결국은 전통적인 유교윤리에 따라 다처제는 처첩제로 전환될 수밖에 없었다. 유교 윤리의 기본은 가족윤리를 사회·국가윤리로 확대하여 동일한 원리로 적용시키는 것이며, 각 단위마다 수직적 상하계통관계를 확실히 하여 사회의 보수성을 유지하려는 것이다. '수신제가치국평천하(修身齊家治國平天下)'라는 것이나, 군신(君臣)·사제(師弟)·부자(父子)·형제(兄弟)·부부(夫婦)의 상하 종속적 주종관계가 그 예이다.

사회적 갈등을 초래하면서까지 태종(太宗)대에 처첩제로 전환시킨 것은 조선 건국의 대외 명분 이념인 성리학적 시책의 일환이었다. 유교의 윤리상 처는 부(夫)의 종속적인 차원의 존재이며 같은 지위의 다처가 동시에 같은 생활단위 안에 존재할 수 없다. 이는 '하늘에는 두 개의 태양이 없고 백성에게는 두 임금이 없다', 즉 한 사회단위 안에서 동일한 지위를 가진 다수는 존재할 수 없다는 유교적 명제에 따른 것이다. 그러나 이러한 대명제 속에는 보다 실질적인 이유가 숨어 있었다.

첫째. 태조의 다처소생을 차별하여 왕위의 정통성과 왕실의 존엄성을 강조할 필요가 있었다. 태종은 태조에 의해 이복동생인 방석(芳碩)이 세자로 책립된 것에 불만을 품고 이복동생들과 주변세력을 제거한 후 형 정종(定宗;이성계의 차남;芳果)에 이어 왕위에 올랐던 개인적 상황과 밀접한 관련이 있다.

둘째, 100여 년 간 동북면에서 몽고화된 이질적 습속에서 탈피하고 전통적인 가족질서로 환원함으로써 일반민들과 일체감을 가지려는 의도가 있었다. 성리학의 확대를 추구하는 남부출신 학자관료의 요망과 일치하려는 조선왕실의 자기 변신이었던 것이다. 태조가 동북면의 개국공신 세력기반을 유지하며 불교에 깊이 심취했던 것과는 달리, 태종은 남부출신의 관인 후예와 손잡고 철저한 척불(斥佛)을 내세우며 성리학의 예제(禮制)를 따르며 조선의 새로운 기반을 다진 사실과 관련된다. 왕실의 가족윤리를 피지배자와 일치시키려는 성리학적 윤리에 따라 처첩제는 사회전반에 영향을 주게 되었다. 다처제는 몽고의 영향으로 고려 중기에 발생하여 조선 건국 직후까지 일부에서 성행되었으나, 법제화되지 못하여 일반적인 현상화되지 못하고, 태종 당시 성리학자들에게 비판의 대상이 되면서 처첩제로 고정화되었다.

(2) 성리학적 여성관의 전개

조선 초, 전환기적 불안을 일소하고 조선 건국의 당위성을 주장하기 위해 고려말을 사회제반의 혼돈기로 간주하고 유학자 입장에서 못마땅한 고려시대의 풍습은 세기말적 퇴폐성으로 치부하여 제거하고자 하였다.

> 옛날에는 여자가 이미 시집을 간 경우에는 부모가 죽었으면 근친(覲親)하는 의리가 없었으니, 그 근엄(謹嚴)함이 이와 같았습니다. 고려의 말기에 풍속이 퇴패(頹敗)해져서 사대부의 아내들이 권세 있는 집안에 찾아가 알현하면서도 태연히 부끄럽게 여기지 않으니, 식견이 있는 사람은 이를 수치스럽게 여깁니다. 원컨대, 지금부터 문무(文武) 양반의 부녀자들은 부모·친형제·친자매(親姉妹)·친백부·친숙부·친외숙(親外叔)·친이모(親姨母)를 제외하고는 서로 왕래하지 못하게 하여 풍속을 바로잡으소서.
>
> 『태조실록』 권 2, 태조 원년(1392) 9월 기해조.

위의 글은 태조 원년 대사헌(大司憲)이었던 남재(南在)가 상언(上言)한 내용이다. 주목할 점은 이 때 여성들의 대외활동도 제거대상이 되었다는 것이다. 여성들의 대외활동을 억제하기 위한 방지책으로 제시된 것이 바로 여성의 외출규제였다.

우선 사찰의 왕래를 금지하였다. 고려말까지 여성은 사찰에 숙박하기도 하였는데, 사대부들은 이것이 풍기문란의 주요인 중 하나로 파악했다. 고려말 불교는 왕실과 권문세가와 밀접하게 연관되어 있어 사치성을 띠고 있었기 때문에 신진사대부 계층들에게는 비판의 대상이 되었다. 더불어 여성의 무속신앙과 관련된 야제(野祭)나 산천(山川)·성황(城隍)의 사묘(祠廟)에 제사하는 행위도 금지되었다. 즉 유교가 아닌 종교행위 일체에 대해서 비판을 하는 가운데, 고려시대 종교제의에서 주도적으로 활동하던 여성들까지 억압당한 것이었다.

> 부녀로서 사찰에 왕래한 자, 또는 사족(士族)의 부녀로서 산간수곡(山間水曲)에서 유연(遊宴)을 하거나 야제나 산천·성황의 사묘제(祠廟祭)를 직접 지낸 자는 장(杖) 100의 형에 처한다.
>
> 『경국대전(經國大典)』 권 5, 「형전(刑典)」 금제(禁制)조.

사족의 부녀가 부득이한 사정으로 외출을 할 때는 얼굴을 가리거나 특정한 신분의 경우에는 옥교(玉轎)를 사용하도록 하였다. 장의(長衣), 흔히 장옷이라 불리던 쓰개치마가 이런 이유로 등장한 것이다.

여성의 사회활동을 제도적으로 제한하며 대신 유교적인 부덕을 정책적으로 적극 권장하며 가정내의 생활만을 충실히 하도록 유도하였다. 유교경전 중에서 부덕함양을 중심으로 한 여러 내용을 간추려 여성교훈서를 찬술해 유교적 교화를 적극적으로 펼친 것도 이러한 목적에서이다.

먼저 세종(世宗) 14년(1432) 『삼강행실도(三綱行實圖)』가 간행되었는데, 이는 일반 백성을 대상으로 유교의 실천윤리를 보급하기 위해 언해(諺解)와 도설(圖說)이 사용되었다. 『세종실록』에, 세종 말년에 가서는 이 책이 궁촌(窮村)·벽향(僻鄕)의 아동부녀까지도 보고 느끼지 않은 이가 없었다 하니 그 보급에 얼마나 힘썼는지를 알 수 있다.

『경국대전』이 완성되어 시행된 성종(成宗)대에는 법전의 기본 방향인 성리학적 사회수립의 의지가 강하게 나타났다. 아울러 여성에 대한 교화와 규제도 어느 때보다 강력해졌다.

먼저 『내훈(內訓)』이 찬술되었는데 이는 성종의 어머니인 소혜왕후(昭惠王后;인수대비(仁粹大妃)로 더 잘 알려져 있다)가 당시 궁중 또는 사대부가의 부녀들이 교양서적이 없어 무식을 면치 못한다고 생각하여, 『소학(小學)』·『열녀(烈女)』·『여교(女敎)』·『명심보감(明心寶鑑)』 등을 저본(底本)으로 하여 규범이 될만한 내용을 뽑아 찬술한 것으로, 이후 조선시대 사족부녀의 기본교양서가 되었다. 또 『삼강행실도』를 보강하여 『언문삼강행실열녀도(諺文三綱行實烈女圖)』를 간행하여 반포하였다.

제도적 측면에서는 여성의 재가(再嫁)가 금지되었다. 정식으로 시행된 것은 성종대이나, 이는 갑자기 나타난 것이 아니고, 이미 태종대부터 삼가(三嫁)금지가 시작되며 여성의 정조이데올로기를 부각시키다가 이 때 완성된 것이라고 할 수 있다.

남녀간의 차별은 구체적인 생활에까지 파고들었는데, 가장 대표적인 것이 '내외(內外)법'이다. 이는 세종대 유교적 교화정책이 강력하게 시행되며 더욱 권장되었는데, 그 내용은 잘 알려져 있다시피 '남자는 외(外), 여자는 내(內)'라는 엄격한 유교적 역할관념으로, 흔히 '부부유별(夫婦有別)' 또는 '남녀분별(男女分別)'이라는 용어로 표현되었다.

'내외법'은 가옥구조도 바꾸어 놓았다. 남자는 외실(外室)에, 여자는 내실(內室)에 기거하며 남자는 안에 들지 않고, 여자는 밖에 나가지 않는 것이 원칙이다. 즉 생활공간을 구별함으로써 그 '유별'함을 항시 체험토록 한 것이다. '사랑방문화'나 '안방(閨房)

문화'라는 것이 발생한 것도 여기에서 연유한다.

또 '남불언내(男不言內), 여불언외(女不言外)'라는 원칙이 있어, 여성은 가족이나 친척 이외의 남자에 대해서 근신하도록 하였다. 불가피한 경우에는 제삼자를 통해 傳言하도록 하였다. 『춘향전』에서 처음 성춘향과 이몽룡이 만났을 때 서로의 목소리가 잘 들릴 정도로 근접함에도 불구하고 직접 말을 하지 않고 각자의 종에게 말을 전하는 상황은 여기서 비롯된 것이다.

한편 명분상 효(孝)와 열(烈)을 기리기 위해 시행된 정표(旌表) 정책은 언뜻 여성의 억압과는 관련이 없어 보이나, 실상 오히려 여성에게 불행의 족쇄가 되었다. 정표정책이란, 각 도의 효자·순손(順孫)·의부(義父)·절부(節婦) 등에게 포상하는 의미로 그 마을 입구에 정문(旌門)을 세워 표창하는 것이었다. 『신증동국여지승람(新增東國輿地勝覽)』에 의하면, 그 포상으로는 주로 역(役)이 있는 자는 덜어주고 가난한 자는 구휼해주었는데, 사족의 경우에는 신분이나 직급을 상승시켜 주는 경우가 많았다. 그런데 기록에 남아있는 바로는 '의부'는 없고 효자나 열녀의 수만 갈수록 증가하는 추세였다. 가부장권이 강화되어 감에 따라 '의부'는 자랑할 것이 못된 까닭이었다. 이 정표정책은 가문의 명예나 그 존폐까지에도 영향을 미칠 수 있는 것이었으므로 '열녀'를 탄생시키기 위해 여성에 대한 집단적 억압이 나타났다. 청상(靑孀)과부가 출현한 것이나 남편의 죽음을 따라 자살하는 것이 그 결과이다.

결국 여성은 일체의 사회활동이 제도적으로 금지되었기 때문에, 본인의 이름조차 갖지 못하고 그저 당호(堂號)나 택호(宅號)로 불려지며 남편과 가문을 빛내기 위해 노력하는 것에 매진할 수밖에 없었고 또 그렇게 하도록 '장려'라는 이름으로 강요되었던 것이었다.

16세기 사림(士林)들의 활동이 활발해지며 향촌사회까지 유교적인 질서가 확대·보급되자, 성리학적 여성관은 이제 온 국가에 보편적 관념으로 자리 잡았다. 그 당시 널리 보급된『소학』·『열녀전』·『여계(女戒)』·『여칙(女則)』 등의 서적은 부덕함양을 위한 구체적 지침서로, 사족부녀들에게는 필독서가 되었고, 그 내용상의 조목은 여성 평가의 기준이 되었다. 특히『소학』에서는 남녀의 질서를 天地와 君臣의 관계에 비유하며 남녀관계가 단순한 '유별(有別)'이 아닌 상하주종관계의 '차별'임을 명시했다.

또 사대부들 사이에서는 여성교훈서 저술이 일대 유행으로 번졌다. 이황(李滉)의『규중요람(閨中要覽』과 송시열(宋時烈)의『우암선생계녀서(尤庵先生戒女書)』가 그 대표적 사례인데, 당대 최고의 학자들이 저술한 이 책들은 사족부녀들이 필사본을 만들어 일상생활의 지침서로 삼을 만큼 권위가 있었다.

이러한 일련의 상황을 매개로 하여 이제 여성교화정책은 초계층적 전파에 성공하였다. 성종대에 확정시행된 여성의 재가금지는 원래 그 대상이 사족의 부녀자였으나 이제는 모든 계층으로 확대되어, 기생인 춘향이 수절을 외칠 정도였다. 더불어 정조이데올로기라고도 지칭되는 여성의 정절의식은 더욱 심화되어, 전쟁

이후의 혼란 속에서 사회문제로 대두되기도 하였다. 임진왜란 중 능욕을 당한 부녀들이나 청에 공녀로 갔던 여자들처럼 본의 아니게 실절(失節)한 경우가 많았기 때문이다. 전쟁 후 많은 여성들이 이를 비관하고 수치스럽게 여겨 자살하는 사태가 발생하자 국가차원의 대책이 요구될 지경이었다.

17세기 이후 예학(禮學)이 발달하며 종법제에 대한 관심과 그 수립에 대한 열망이 증대되었다. 앞서 설명한 대로 종법제는 적장자(嫡長子) 중심의 부계직계 가족제도를 확립하는 것이다. 이로 인해 가문을 중시하는 경향이 고조되었고, 문벌의식의 과잉현상으로 여성의 정절과 순종은 더욱 강요되었고 내외관도 강화되었다.

> 여자는 안에 위치함이 바르고 남자는 밖에 위치함이 바른 것이다. 남녀란 천지를 바르게 하는 대의(大義)이며 사가(私家)의 도(道)는 국정에서도 통하는 바이므로, 곧 부인은 바깥일을 간섭해서는 안 된다. 부인이 바깥일에 참여하면 집안이 망하는데 하물며 나라의 일이랴.
>
> 이익(李瀷), 『성호사설(星湖僿說)』.

그러나 국제정세에 변화가 생기며 실학이 대두한 18세기에서 19세기에 이르자 기존의 성리학적 여성관에는 동요가 일어났다. 양반층의 유교적 여성관은 변함 없이 여성에게 희생을 계속 강요하였으나, 진보적 경향을 지닌 사상가들은 이를 부당하다며 비판하기 시작한 것이다.

정약용(丁若鏞)은 그의 저서인 『목민심서(牧民心書)』에서 '청년 과부가 된 것도 감당키 어려운데 자살을 열녀라 하여 정표 포상함은 지극히 부당한 것'이라 밝혔고, 동학(東學)에서는 '가도화순(家道和順)'이라 하여 '부녀를 강포로써 다스리지 말고 인내와 사랑으로써 인격적으로 대우하라'고 역설하고 있다.

또 실제상으로도 천주교의 전래 당시 여성이 신앙과 그 보급에 적극적이었던 것은 많은 사례를 통해 확인된다. 16세기부터 200여 년에 걸쳐 여성을 폭압했던 사회가 다음 역사를 향해 스스로 자기 변화를 보이기 시작한 것이었다.

(3) 혼인제도

① 혼례법

고려시대까지 혼인은 특별히 정해진 의례가 없이 그 지역 관습에 따라 이루어져 왔다. 그러나 유교에서는 혼인을 '인륜지대사(人倫之大事)'라 하여 정해진 격식에 따라 혼례를 행하지 않으면 혼인으로 인정치 않았다. 물론 이러한 사상의 배경에는 고대시기 세금징수라고 하는 현실적 문제가 작용했음은 이미 밝힌 바이다.

조선시대 혼례는 「주문공가례(朱文公家禮)」에 따라 거행하는 것이 원칙이었다. 원래 주문공가례에 따르면 혼인은 납채(納采)·문명(問名)·납길(納吉)·납징(納徵)·청기(靑期)·친영(親迎)의 여섯 가지 절차를 따르도록 되어 있는데, 조선에서는 주로 의혼(議

婚)·납채(納采)·납폐(納幣)·친영(親迎)의 네 개 절차를 수용하였다.

주자육례에 따른 납채란, 혼인하기로 정했음을 통지하는 것이고, 문명은 신부의 출생, 성명, 생년월일을 문의하는 것이다. 납길은 궁합이 맞아 길함을 통지하는 것이고, 납징은 정혼이 되었다는 증거로 폐백을 보내는 것이며, 청기는 혼인날짜를 정하는 것이고, 마지막 친영은 신랑이 가서 신부를 맞이하는 것을 말한다.

조선에서 실제로 행한 주자사례의 경우, 먼저 '의혼'이란 혼인의 대상과 방식을 결정하는 것으로, 이 경우 당사자의 의사는 배제된 채 집안의 어른들이 모여 논의한다. 두 번째 '납채'는 신랑측 혼주가 서식에 따라 정식으로 신부측에 청혼 편지를 내는 일을 말한다. 이 때 이미 양가간에 합의가 이루어져 있음은 물론이다. 주자육례의 문명을 병행한다. 세 번째의 '납폐'란 신랑집에서 신부집으로 푸른 비단과 붉은 비단의 치마·저고릿감을 보내는 것이다. 이는 현재에도 '함'이라는 형식으로 남아있다. 주자육례의 납길, 납징, 청기를 병행하는 의미이다. 마지막 신랑이 자기 집에서 신부를 맞이하는 '친영'은, 뿌리깊은 남귀여가(男歸女家)의 관습으로 인해 시행에 상당한 어려움이 있어, 종실을 제외한 대부분의 경우는 끝내 잘 성사되지 못하였다.

② 혼인의 결정

혼인의 결정은 위의 '의혼' 절차에서 나타난 것처럼 결혼당사자가 하는 것이 아니라 쌍방의 혼주, 즉 가부장의 의사에 따르는 것이 일반적이었다. 이는 가부장권의 강화에 따른 현상으로 혼례의 의식 또한 부모나 집안 큰어른에 의해 주관되었다. 또 해당 양가간에 묵계적 합의가 이루어졌더라도 반드시 중매(仲媒)가 있어야 혼사가 성사되었는데, 이는 혼주 역시 혼례의 당사자라는 인식으로 당사자가 직접 나서는 것은 마치 상(商)행위처럼 고상하지 못한 것이라 하여 반드시 제삼자를 중매자로 내세운다.

이제 혼인은 이성(異性)이 아닌 이성(二姓)간의 결합이 되어 서로의 가문을 상승시키는 수단이 되었다. 양반들은 여성을 매개로 하여 문중끼리 연대결합하면서 혈연적·지연적·학문적으로 향촌사회에 대한 지배권력을 유지하였다.

③ 혼인 후 거주지

혼인 후 생활은 처가에서 시작되는 것이 일반적이었다. 문중간의 결합욕구와 전통적인 관습의 영향으로 남귀여가혼이 보편적이었기 때문이다. 조선 초기까지는 고려시대의 양계적(兩系的) 친족구조가 유지되고 있어 남자가 여자 집으로 장가가는 것은 이상하거나 남자 쪽에서 손해보는 일이 아니었다. 처가에서 기거하는 기간은 일정하지 않았다. 유습의 원인대로 '아이를 낳아 클 때까지'가 그 기준이 되었기 때문이다. 이 때 처부모와 한 집에서 생활하거나, 별도의 건물인 '서옥(婿屋)'에서 기거하며 '손님'이 아닌 '식구'가 되었다. 이러한 분위기 때문에 아들과 사위 또는 친손과 외손을 동일시하는 경향이 있었고, 모계친족에 대한 배려가 훨씬 많았다.

> 우리나라의 풍속에 남자가 여자의 집으로 장가든 일이 있었으니 [豫壻制], 이성의 친함과 은의(恩義)의 분별이 동성과 별다름이 없습니다. …… 대부(大父)가 있으면 종형제(從兄弟)를 한 집에서 양육하고, 증대부(曾大父)가 있으면 재종형제(再從兄弟)를 한 집에서 양육합니다. 대저 한 집에서 양육하므로, 어려서부터 장년(壯年)에 이르기까지 스스로 서로 형제(兄弟)라 하고, 스스로 서로 숙질(叔姪)이라 하며, 스스로 서로 조손(祖孫)이라고 하니, 그 은애(恩愛)가 과연 동성(同姓)의 친족과 다름이 있겠습니까?
>
> 『성종실록』 권 10, 성종 2년 5월 임진조.

자연히 자녀들은 어머니와 외가를 중시하게 되었고 그 영향도 상당히 받았다. 율곡 선생과 신사임당과의 관계도 특수한 경우가 아니라 당시 일반적으로 유지되었던 하나의 사례이다.

그러나 가부장권의 확대를 꾀하는 성리학적 사고에서 이는 악습 중 하나일 뿐이었다. 그러므로 지배층을 중심으로 하여 이를 친영제로 전환하고자 하는 노력은 집요하게 계속되었다. 남귀여가혼의 문제를 가장 먼저 공식적으로 제기한 것은 조선의 개국에 참여했던 정도전이었다.

> 친영의 예를 폐하고 남귀여가의 법을 행하니 부인이 무지하여 그 부모의 사랑을 믿고 남편을 업신여기고 교만과 투기를 일삼으

니 반목(反目)하여 가도(家道)가 능체(陵替)한다.

정도전, 『삼봉집(三峰集)』, 권 7, 「조선경국전(朝鮮經國典)」 예전 혼인조.

성리학적 가족질서를 강조했던 태종대에는 친영제에 대한 본격적인 논의가 시작되었고, 세종대에 이르러서는 왕실에서 모범적으로 친영의 예를 시행했다. 이후 사대부계급으로 이를 확대시키려고 했으나 실제 시행했던 사례는 많지 않다. 즉 여자우위적인 혼인풍속을 교정하고자 조선은 개국 초부터 친영제를 장려하고 강조하였지만 뿌리깊은 전통 때문에 그 보급에는 실패하고 왕실에서 할 수 없이 실행되는 정도에 지나지 않은 것이다. 17세기에 이르러 성리학의 사회윤리가 일반민에게까지 보편화되자 친영제 역시 왕실과 양반층을 중심으로 다소의 확대를 보였다. 재산과 제사의 상속이 적장자 중심의 차등상속으로 전환되어 가는 것도 이 변화에 일정한 영향을 끼쳤다. 그러나 남귀여가혼의 풍습은 그 기거 기간이 다소 단축되었을 뿐 조선후기까지 이어졌다.

지금 국가에서 왕자·왕녀의 혼인은 모두 친영례를 행하고 있으나 사대부가에서는 나쁜 옛 습관에 젖어 사위가 부인의 집에 머무니 이는 취처(娶妻)하는 것이 아니라 입장(入丈)하는 것이다. 이것은 양(陽)이 도리어 음(陰)을 좇는 격이니 남녀의 대의를 상실한 것이다. 마땅히 예법을 밝히어 인륜의 도를 바르게 하여야 한다.

유형원(柳馨遠), 『반계수록(磻溪隧錄)』 권 25, 속편 신명친영지례(申明親迎之禮)조.

④ 통혼의 범위

통혼의 범위는 고려시대와 마찬가지로 같은 신분 내에서 이루어졌다. 단, 지역적 범주는 넓어졌고, 신분제가 진전을 보임에 따라 양반도 일반 서민과 같이 제도상 '양인(良人)'에 속하므로 부유한 일반민과 가난한 양반간의 통혼도 적지 않게 이루어졌다. 그러나 법적으로 다른 신분인 양인과 천인간의 혼인은 엄격히 금지되었는데, 이는 양천간의 혼효(混淆)를 방지하기 위함이었다. 고려시대보다는 진보했다고는 하나, 조선시대 역시 엄격한 신분제를 토대로 유지되는 사대부 중심의 사회였으므로 신분제의 혼란이 생길 경우 국가의 존립기반이 무너지기 때문이다.

⑤ 혼인 연령

혼인연령은 시기에 따라 변화하였다. 조선초기에는 고려시대 몽고 간섭기 공녀정책으로 인한 조혼풍습이 계속되어 10세만 되어도 처녀들이 대부분 혼인하였다. 그러나 「주자가례」에서 여자는 14세부터 20세 사이에 혼인하도록 권하고 있기 때문에 조선정부에서는 이를 상향조정하여 정책화하였다. 1426년 세종의 명으로 조혼을 금지하고 13세 이상으로 규제하기 시작하여, 성종대에는 경국대전을 통해 14세 이상으로 법제화하였다.

> 남자의 나이 15세, 여자의 나이 14세가 되면 혼가(婚嫁)하는 것을 허락한다. 또 여자의 나이가 13세가 되면 혼인을 의논하는 것을

> 허락하고, 만약 양가의 부모 중 오랜 병이 있거나 혹은 나이가 오십이 된 자가 있는데 자녀의 나이가 12세가 되었다면 관가에 먼저 신고하고 혼가 시킨다.
>
> 『경국대전』 권 3, 「예전(禮典)」 혼가(婚嫁)조.

몽고의 공녀요구로 조혼풍습이 발생한 것은 충분히 납득이 된다. 그런데 이를 상향조정했다는 14세도 혼인해서 가정을 만들기에는 결코 많거나 적당한 나이가 아니다. 게다가 「주자가례」에 나오는 것이라면 중국에서도 보편화되었다는 뜻인데, 왜 이러한 조혼의 현상이 발생하였을까. 그것은 당시 지역을 초월한 사회상황과 관련지어 생각해 보아야 할 것이다. 중국이나 우리나라나 모두 고대 이래로 농업을 주산업으로 삼아 국가와 사회가 성장하였다. 그런데 기계혁명이 일어나지 않았던 이 당시 농업을 주업으로 할 경우 풍부한 인적 노동력을 요하게 된다. 그러나 잦은 전란으로 사상자가 적지 않게 발생하자 고대 이후 인구는 획기적으로 증가되지 못했다. 그래서 가임기간의 여성을 최대한 활용함으로써 인구의 증대를 도모하고자 이러한 관습이 나오게 되었고, 이것이 제도화된 것이다. 하지만 이는 결과적으로 산모에게 상당한 육체적 고통을 부여했다. 임신과 출산기간 중 몸관리를 잘 할 수 있는 여건을 가진 부유층은 언제나 소수차지이다. 대부분의 경우에는 임신 중이거나 출산 후에도 생업에 종사해야 하는 사람들이다. 이들이 겪었을 체력저하에 따른 고통은 의학이 획기적으로 발달했다고 하는 현재의 상황에 비추어 보아도 알 수 있는 일이다. 당시만큼의 육체노동을 하지 않는 현대인들조차도 임신이나 수유기 중 과도하게 체력을 소모하게 되면 이후 평생토록 그 후유증에 시달리게 되기 때문이다.

이런 이유로 조혼만큼이나 만혼(晩婚)도 규제되었다. 사족의 처녀가 가난하여 30세까지 혼인하지 못할 경우 국가-예조(禮曹)-에서 그 혼인 비용을 대신 부담해 주었다. 만약 가난하지도 않은데 처녀로 30세를 넘길 때는 그 가장(家長)을 엄히 다스렸다. 그러니 출세하고 싶은 사대부라면 집안에 노처녀가 없도록 항시 주의해야 했다.

남녀간의 혼인연령, 즉 부부간의 나이 차를 살펴보면 조선 초기에 남편이 연상인 경우가 많았으나, 후기로 들어서며 점차로 그 처가 연상인 경향을 보였다. 이는 사대부의 경우 가세를 증대시키기 위한 목적에서였으나, 일반민의 경우 농업생산력이 진전되며 가능한 한 빨리 자손을 얻어 노동력을 늘리고자 하였기 때문이다. 자손이 재산이라는 인식도 여기서 비롯된 것이다.

⑥ 이혼과 재혼

여성의 재가가 금지된 상황에서 이혼문제는 어떠했을까?

남편은 이이(離異)·출처(出妻)·기별(棄別)·기처(棄妻) 등의 경우 외에도 일방적으로 아내를 내쫓을 수가 있었다. 이혼은 남편의 마음대로 행해지기보다는 가족들의 요청으로 가장에 의하여 기처되는 경우가 대부분이었다.

부인은 남편이 도망하여 일정 기간이 경과하면 관의 승낙을 받아서, 또는 남편이 구타하였을 경우 남편의 동의를 얻어 이혼할 수 있었다.

조선시대 법정 이혼사유는, 시부모에게 순종하지 않는 것(不順父母), 자식을 못 낳는 것(無子), 행실이 음탕한 것(淫), 투기하는 것(妬), 나쁜 병이 있는 것(有惡疾), 말이 많은 것(多言), 도둑질하는 것(竊盜) 등의 '칠거지악(七去之惡)'이 대표적이었다. 엄밀히 말해 이는 이혼 사유라기보다는 남편측에서 아내를 내쫓는 이유였다. 그와 대조적으로 칠거지악(七去之惡)을 범한 아내라도 버리지 못하는 '삼불거(三不去, 三不出)'라는 것이 있었는데, 그것은 처가 돌아갈 곳이 없거나, 시부모를 위한 삼년상을 같이 치렀거나, 가난할 때 같이 고생하다가 뒤에 부귀하게 된 경우였다.

이를 어긴 부당한 이혼에 대해서는 이를 무효로 돌리고 남편을 처벌하였다. 후처나 첩에 대한 정처의 지위를 보장해준다는 측면이다. 마찬가지로 부당한 혼인 역시 이혼시켰는데, 할아버지나 아버지의 첩, 또는 백모·숙모를 처나 첩으로 맞이한 자는 참형(斬刑)으로 다스렸다. 형사취수(兄死娶嫂)하거나 제사취수(弟死娶嫂)한 자는 간음죄로 처벌하고 이혼시켰다.

재가금지가 정식으로 시행된 것은 성종대였다. 그러나 그 시작은 태종으로부터 비롯되었다.

> 사헌부 대사헌 허응(許應) 등이 시무(時務) 7조(條)를 올렸다. …… 부부(夫婦)는 인륜(人倫)의 근본이기 때문에 부인은 삼종(三從)의 의리는 있어도 개가(改嫁)하는 도리는 없습니다. 지금 사대부(士大夫)의 정처(正妻) 가운데 남편이 죽은 자나 남편에게 버림을 받은 자가 혹은 부모가 그 뜻을 빼앗기도 하고, 혹은 몸단장을 하고 스스로 시집가기도 하여 두세 번씩 남편을 얻는 데 이르니, 절개를 잃고도 부끄러워하지 않아 풍속(風俗)에 누(累)가 됩니다. 원하건대, 대소 양반(大小兩班)의 정처(正妻)로서 세 번 남편을 얻은 자는 고려의 법에 의하여 자녀안(恣女案)에 기록하여서 부도(婦道)를 바르게 하도록 하소서.
>
> 『태종실록』 권 11, 태종 6년 6월 정묘조.

단종대에는 실제로 삼가녀를 자녀안에 기록하였고, 세조대에 이르러서는 삼가부녀의 자손을 문제화하기 시작하며 그 규제를 점차로 강화해 나가다가 드디어 성종대 중신회의 결과 재가 금지를 입법화하였다. 중신 가운데 42인은 '일률적인 재가금지는 너무 가혹하므로 재가하지 않을 수 없는 가난하고 무의무탁한 조과자(早寡者)의 재가는 인정해 주어야 하며 다만 삼가는 자만 논죄하여야 한다'고 했고, 오직 4인만이 '배고파 죽는 일은 극히 작은 일이요, 실절하는 일은 극히 큰 일이니 국가에서 입법하는 것은 당연하다'고 하였다. 그러나 회의의 결과는 다수의 의사와 상관없이, 성리학적 사회질서를 실현하고자 했던 성종의 의지가 반영되어 재가금지를 입법화시켰다.

> 재가하였거나 실행(失行)한 부녀의 자손 및 서얼자손은 문·무과, 생원·진사과 시험에 응시하지 못한다.
>
> 『경국대전』 권 3, 「예전」 제과(諸科)조.

재가금지는 일생을 부당한 고통 속에 살아가게 하는 억압적 강제였기 때문에, 그 당사자인 여성에게만 제재를 가해서는 소기의 성과를 거두기 어려웠다. 그래서 남성들을 대상으로 그 치죄(治罪) 범위를 확대함으로써 재가금지에 관한 강력한 협조자를 얻었다. 재가금지가 시행된 성종대에는 우선적으로 재가여성의 재가상대자 즉 새 남편에 대해 제재를 가했다. 그러다가 16세기에 들어서는 재가를 주선한 사람까지 그 치죄 범위를 확대하였다. 17세기에 이르자 재가금지의 윤리가 일반 평민들에게까지 보급되어 여성의 수절은 당연한 것으로 수용되었다.

그러나 과도한 수절 강요는 많은 부작용을 야기했다. '과부 업어가기' 등과 같은 변칙적인 재혼풍습이 성행하게 되자 식자들 사이에서도 여성재가에 대한 재고 논의가 일어났으나, 대개의 '선왕(先王)의 가르침'과 '대전(大典)의 법'을 고칠 수 없다는 이유로 묵살되어 여성뿐만 아니라 국민 여론의 일부에 불만이 축적되어 갔다.

이 조선시대 대표적 악법은 1894년 갑오경장 때에야 사라졌다.

> 부녀의 재가는 귀천을 막론하고 그 자유에 맡긴다.

재가금지법은 왕권사회의 지배이념을 가족질서와 사회질서에 가부장적 윤리로써 일치시켜서 지배층의 신분유지를 도모하기 위한 수단의 하나로 사용된 제도적 장치로 기능했다. 가부장제 사회에서 나타나는 성차별 이데올로기에 기반을 두고 여성에게 강요된 억압적 통제규범이었다.

(4) 처・첩의 구분

고려 말에 유입된 다처제를 조선 사대부들이 배격한 이유는 확연하다. 먼저 고려사회의 제반체제를 부정하는 의미가 있고, 다음으로 성리학적인 사회질서를 구축하려는 목적이 있다.

> 하늘에는 두 개의 태양이 있을 수 없고, 나라에 두 임금이 있을 수 없으며 집안에 두 어른이 있을 수 없으며, 상에 두 斬이 있을 수 없다. (天無二日 國無二君 家無二尊 喪無二斬)

이것은 고려사회의 양계적 가족질서를 부계혈통 중심의 가부장제로 전환, 확립시키기 위해 흔히 인용된 문구이다. 이를 위해 사대부들은 우선적으로 고려의 문벌세력보다 한 차원 높은 도덕성을 기반으로 하는 가족윤리를 수립하였다. 여성과 관련하여서는 '예법에는 두 처가 없다(禮無二嫡)'라는 예법에 근거하여 고려 말의 다처 풍조를 배격하고 일부일처제를 엄정히 유지했다. 또한 중혼(주로 남성들)을 금지하고 위반자는 중벌에 처하였다.

정처의 경우, 남편의 정치적·사회적 지위에 상응하는 지위를 부여받았다. '외명부(外命婦)'라는 제도 하에 왕실이나 양반 계층의 여성들은 남편의 관직에 따라 봉작을 받는 등 사회적 지위가 결정되었으며 국가로부터 여러 가지 혜택과 법의 보호를 받을 수 있었다. 그러나 서얼과 재가녀의 경우, 제권리와 자격이 박탈되었다. 이미 외명부에 의한 봉작을 받았더라도 재가하면 추탈하였다.

부녀의 행실은 정치적으로 주요한 논의 대상이었다. 때때로 어머니와 처의 신분은 자신의 신분결정에 중요한 요소로 작용하기도 하였다. 그 때문에 양반이 벼슬을 할 때의 입신 조건에 허점이 없도록 평소 사족부녀를 내실 세계에 묶어 놓고 또 과부의 재가를 엄격히 금지했다.

더불어 사대부들은 유교적 정통론에 기반한 가정질서를 확립하고자 가족 내의 여성을 처(妻)와 첩(妾)으로 구분하고 이들의 관계를 상하 관계로 엄격하게 규제하였다. 처·첩의 구분은 다처를 '부부는 인간관계의 기본 중 하나(人倫之大綱)'이라는 관념의 일부일처제에 재편하기 위해 발생했다. 그러나 보다 중요한 숨은 의도는 부계의 혈통을 중시하고 양반 지배층의 신분을 옹호하기 위한 것이었다. 또한 첩간에도 신분으로써 양첩(良妾)과 천첩(賤妾)으로 구분하여 치밀한 신분의 서열화를 도모하였다.

이러한 의도를 완수하고자 사대부의 혼인관계는 국가적 감시 대상이었다. 문무백관의 비행을 규찰하고 풍속규정의 임무를 지닌 사헌부에서는 처의 지위 확보를 위하여 양반들을 규찰하고, 처·첩간의 분별을 정당하게 하고 있는지 여부를 조사하였다. 사대부의 혼인 성립 여부를 밝혀 만약 타당치 않은 혼인일 경우 폐서인(廢庶人)하고 관직도 삭탈하였다. 정처의 지위를 보호하기 위해 처의 지위가 부당하게 침해당하는 경우에는 정치적·사회적 규제를 철저히 한 것이다. 구체적으로, 처가 있는데 다시 처를 취하거나 처를 첩으로 삼고 후에 맞은 첩을 처로 삼는 경우, 파직시켰다. 결국 주자학적 사회규범에 벗어나지 않는 처의 지위는 국가가 나서서 법적으로 보장해 준 것이다. 일례로 '소박정처죄(疎薄正妻罪)'라는 것이 있었는데, 세종대 전(前) 감목관(監牧官) 이중정(李中正)이 정처를 소박하여 농장에 가두고 비첩을 총애하여 정처처럼 대우한 사실이 드러나 장 70의 형벌에 처한 것이나, 문종대 성균학정(成均學正) 손효문(孫孝文)이 처가 있는데 다시 처를 맞이한 일이 발각되어 후처를 이혼시킨 것이 그 대표적 사례이다. 이러한 일련의 조치를 통해 조강지처와 이혼해서는 안 된다는 관념이 일반화되었다. 가정 내 정처의 지위를 확고한 것으로 보호해줌으로써 그 '정통성'을 강조한 것이다. 단, 정처의 지위는 앞서 밝힌 대로 주혼자에 의하여 정식 혼례를 한 경우에만 그 효력이 발생하였다.

그러나 이러한 제도적 장치에도 불구하고 결국 성리학적 가족질서는 여성을 억압하였다. 남편과 아내의 관계가 유교적 도덕관념인 삼강(三綱; 君臣·父子·夫婦의 관계)에 따라 상하관계로 엄격하게 유지되는 가부장적 가족제도 하에서 처의 지위는 남편에 의해 유린될 수 있는 가능성을 내포하고 있었기 때문이다. 정처는 그 지위 보장 대가로 부녀의 정절과 순종 엄수가 요구되었다.

> 집을 다스리는 데는 먼저 아내를 바르게 하여야 한다. …… 다만 여자의 정절만을 말하는 것은 여자가 올바르게 되면 곧 남자도 바르다는 것을 알 수 있다.
>
> 이이(李珥), 『율곡전서(栗谷全書)』 권 23, 「성학집요(聖學輯要)」 제 3, 정가(正家).

여성의 정절을 강조한 것은 양반들이 혈통의 순수성과 정통성을 통한 그들의 신분적 지위와 이익을 확고히 하고 자기 가문의 도덕적 우월성을 드러내기 위한 것과 관련이 있다.

처와 첩의 구분에 따라 적자(嫡子)와 서자(庶子)의 구분도 생겨났다. 왕실 적·서의 서열을 먼저 구분하고, 양반 서얼들의 관직 수여와 승진에 품계를 제한하였다. 즉 양반층의 권익을 옹호하고 유지하기 위하여 신분의 혼효를 방지한 것이다.

> 문·무관 2품 이상의 양첩자손은 정3품에 한하고 천첩자손은 정5품에 한하며, 6품 이상의 양첩자손은 정4품에 한하고 천첩자손은 정6품에 한한다. 7품 이하로부터 관직이 없는 사람에 이르기까지의 양첩자손은 정5품에 한하고 천첩자손 및 천인으로서 양인이 된 자는 정7품에 한하고, 양첩자손의 천첩자손은 정8품에 한한다.
>
> 『경국대전』 권 1, 「이전(吏典)」, 한품서용(限品敍用)조.

서얼차대는 여성의 신분을 이용하여 양반층의 수적인 확대를 방지하기 위한 자기방어 조치의 하나로써, 첩과 그 자손들은 양반사회에서 배제되는 결과로 인해 첩에 대한 천시 관념은 오랫동안 유지되었다.

(5) 재산 · 제사상속

이제 더 이상 여성의 독립적 분가(分家)는 허용되지 않았다. 따라서 여성의 호주상속은 금지되었다.

여성의 지위를 받쳐주는 경제적 근거가 되었던 재산상속도 불리하게 개정되었다.

조선 초기까지는 고려의 양계친족구조 전통이 존속하여 재산상속에 있어 남녀균분의 원칙이 지켜졌다. 처음으로 차별상속에 대해 논의가 이루어진 것은 태조대이다. 이 때 적자손과 첩자손에 대한 노비 분급 규정이 논의되기 시작하였다. 그러나 이 때까지만 해도 남녀간의 차별논의는 일어나지 않았다. 그러나 태종대에 이르러서 적자 · 첩자 · 적녀 · 첩녀에 대한 분급 규정이 논의되며 적서의 구별에 남녀간의 차별도 더하여 일어나기 시작하였다. 그러나 완성도 높은 정책의 시행을 보였던 세종대에는 다시 균형 잡힌 사고를 보였다.

총제(摠制)인 정초(鄭招)가 아뢰기를, "부모가 아들에게 혹 일시적인 애증(愛憎)으로 인하여 가재(家財)와 노비(奴婢)를 균등하게 분배하지 않은 것은 관에서 이를 고르게 주게 하던 법을 『육전(六典)』에 올리지 말라고 일찍이 명하셨사온데, 신의 생각으로는 만약에 이 법이 없다면 한 아버지의 아들로서 하나는 고생하고 하나는 편히 살게 되어, 아버지는 아버지 노릇을 못하고, 아들은 아들 노릇을 못하게 될 것이오니, 반드시 이 법이 있은 연후에 부자 형제가 서로 화목을 유지하게 되고 천리(天理)에 화합하게 됩니다. 하물며 관리가 백성의 불공평한 점을 다스리는 것은 옛날에도 그 법이 있지 않았습니까?" …… 임금이 말하기를, "경의 말이 옳도다. …… 의정부와 육조가 함께 이를 상세히 논의하라." 하였다.

『세종실록』 권 49, 세종 12년 9월 병진조.

이러한 사고는 조선의 법제화에도 영향을 미쳐서, 조선 성리학적 사고체계의 제도화를 의미하는 『경국대전』에서도 반영되었다.

나눠 갖지 않은 노비는 자녀의 생사를 막론하고 분급한다. 나누는 수에 차지 않는 것은 적자녀에게 균급하고, 그래도 남는 수가 있으면 승중자(承重者; 장손으로서 아버지와 할아버지를 대신하여 조상의 제사를 지내는 자)에게 먼저 주고, 또 나머지가 있으면 장유의 차례로 준다. 적실에 자녀가 없는 경우에는 양첩자녀에게 주고, 양첩자녀가 없으면 천첩자녀에게 준다.

『경국대전』 권 5, 「형전」, 사천(私賤)조.

재산상속은 성별에 관계없이 적서와 양천의 차별만을 이용하여 분배하였는데, 이러한 자녀균분제는 부의 집중을 막는 동시에 권력의 집중도 예방하고 한편으로 사족의 균형된 생활도 보장해 주는 효과가 있었다.

이 원칙에 따라 이미 출가한 딸에게도 균분지급이 이루어졌다. 이렇게 상속받은 재산은 남편에 대해 독립적이었지만, 고려시대와는 달리 그 관리와 처분에 있어 남편의 허가를 받아야 하는 것이었다. 또 부부간의 사후(死後) 상속시에도 서로 동일한 권리가 있었다. 자식 없이 사망한 부인의 노비는 남편이 상속받되 남편이 재혼할 경우 부인의 노비는 부인의 친가로 환속되었다.

그러나 성리학이 심화되고 예학이 고조되던 17세기 이후 여자의 재산상속권은 소멸되었다. 전통의 남귀여가혼과 친영례를 절충한 혼속이 점차 일반화되고 문중이 발달하며 제사상속이 남자 중심의 적장자에게 상속되어 감에 따라 여성의 경제적 부담이 경감되었던 것도 그 원인의 하나로 작용하였다.

그러나 보다 중요한 요인은 초기에 비해 사족의 수가 양적으로 급격히 팽창함에 따라 재산의 균분제가 사족 재산의 영세화와 빈궁화를 초래하자, 양반들이 문중을 중요시하여 적장자 중심의 제사상속제를 확립시키고 아울러 재산상속권도 강화시킨 데에 있다. 그 상속권에서 불리한 위치에 처한 것은 여자만이 아니라 적장자를 제외한 모든 남자들도 마찬가지였으나, 점차 상속권에서 완전히 배제된 여성들은 이로 인해 경제적 독립성을 상실하며 격심한 일상의 차별을 감내해야 했다.

재산상속과 밀접한 관련을 지닌 제사의 상속도 조선 초기에는 장자 봉사가 우선이기는 하였으나, 만약 아들이 없는 경우에는 양자를 입적하지 않고 사위나 딸, 또는 외손이 그 제사를 물려받았다. 또 입양할 경우에도 주로 어머니 동생의 아들을 양자로 삼아 제사를 담당케 하는 일이 많았다. 그러나 친족의 개념이 부모 양계적 측면의 유습을 이어받은 조선 초에는 아들이 없는 가정에서도 가계상속자를 입양하는 경우는 드물었다. 대부분 아들이 없을 때는 딸과 혼인한 사위와 같이 살며 사후 자신들의 제사를 상속시켰고, 자연히 딸 부부가 사망한 이후에는 그 외손이 제사를 계승한 것이었다. 즉 외손봉사(外孫奉祀)가 이루어진 것이다. 딸도 없는 경우에만 입양이 이루어진 것이다.

재산상속이 남녀균분이 되는 풍습 속에서는 아들과 딸이 돌아가면서 제사를 받드는 윤회봉사(輪廻奉祀)가 시행되었다. 조선초기에도 부모가 그 재산을 자녀에게 상속시킬 때 균평의 원칙을 지킨 데다가 큰아들에게 제사를 지내기 위한 별도의 재산(奉祀位田)을 지급하지 않았으므로 자연히 자녀윤회봉사가 지배적인 형태로 나타났다.

그러나 조선 중기에 이르자 여성은 제사를 주관하는 권리나 제사상속에서 배제되기 시작했다. 이는 재산상속권의 박탈보다 먼저 일어났다.

만약 적장자가 자손이 없으면 다른 아들이, 다른 아들도 자손이 없으면 첩자가 제사를 모신다.

『경국대전』 권 3, 「예전」, 봉사조.

그러나 예학이 발달한 17세기 이후에는 첩자는 제외되었다. 뿐만 아니라 종법제가 확립되며 적장자 상속의 원칙이 확립되자 제사상속의 일차적인 책임은 적장자에게만 부여되었고 적자일지라도 여성과 다른 아들들은 배제되었다. 종법제에 의거하여 직계의 후계자가 없는 경우에는 제사승계를 위하여 반드시 같은 종파 해당항렬의 아들을 입양시켜야만 했다. 절대 타성(他姓)의 입양은 안 되었다. 이로 인해 적장자와 다른 아들간에도 재산상속상의 차별이 발생한 것이다.

이 때부터 제사에 관한 여성의 주체성은 부정되었고, 그 역할은 축소되었으며 참여도 제한되었다. 그 결과 족보에서 외손이 제외되었고, 급기야는 여성의 이름까지 사라졌다. 이제 완전한 부계친화가 이루어지며 여성의 소위 '출가외인(出嫁外人)화'가 이루어진 것이다.

(6) 조선시대 여성의 역할

위에서 살펴본 바처럼 17세기 이전까지만 하더라도 우리나라의 여성 지위는 중국 등 다른 나라에 비해 남녀평등적이었다고 말할 수 있을 만큼 높았다. 그러나 성리학이 심화되고 예학이 발달하며 상황은 변화했다.

일체의 대외활동은 물론 가정 내에서의 공식적인 지위까지 상실한 여성들은 그야 말로 집안 일에만 몰두해야 했다. 그래서 자녀의 출산과 그 양육에 온 정열을 바친 여성들은 훌륭히 자녀를 교육시킴으로써 사회일원으로써 충실한 인재를 키워냈다. 여기엔 대외활동이 억압된 여성들끼리의 교류도 한몫 했다. 서로 다른 가풍을 지닌 집안간의 가치관 조율을 무난히 해내며 자녀가 균형감 있는 가치관을 갖도록 독려한 것이다.

또 성리학에서 여성의 역할을 배제한 탓으로 국가적 억압에도 불구하고 재래의 종교에 의지할 수밖에 없었다. 이것은 결과적으로 불교와 무속이라는 전통을 보존하는 데 공헌하게 되었다. 여성들이 의도한 바는 아니었지만, 그들의 보호 덕택으로 서로 다른 성향을 지닌 성리학과 불교와 무속이 공존함으로써 한국의 종교현상은 복합적인 특수성을 띄게 되었다. 즉 여성은 종교와 사상면에서 '한국적 특수성'의 형성에 기여한 것이다.

또한 절개라는 개념을 확대하여 전란이라는 국가적 위기시 남성 못지 않은 애국심을 보였고, 특수계층에 한정되기는 하나 기생들은 남성의 시(詩)를 확산시키고 그 수준을 높이는 매개체 역할도 수행하였다.

여성들의 교화를 위한 것이기는 하나 인쇄술 발달하였고, 대외적 활동이 제한된 여성들은 그 지적 욕구는 더욱 강해져 독서가 유행하며 한글 보존과 정보의 확산에 기여하였다. 부산물로 여성

특유의 문학 형태가 개발되며 우리 문학의 폭을 한층 더 넓혔다.

한편, 아들에 대한 선호사상이 병폐적으로 심화되자 건강(정력) 식품이 발전하는 양상을 보였다. 현재까지 이어지는 한국인의 특이한 보신문화도 이로부터 연유한 것이다.

또 남성들과 유리된 여성들끼리의 단합은 전통적으로 내려오던 '계(契)'를 확대 재생산하여 조선 후기에 이르러서는 소자본의 이동효과도 보였다.

결국 조선 후기의 여성들은, 종속적인 지위와 엄격한 성차별에도 불구하고 왕실 및 양반가문의 여성들은 물론 사회 최하층 여성들까지도 가정 안팎에서 조용히 활동하며 한국의 문화발전에 저변적으로 기여한 것이다.

그러나 서구에서 유입된 근대적인 관념의 '자아성취' 윤리와는 대조적으로 '대리만족'이라 불리는 '대리적인 역할 기대(vicarious role expectation)' 심리는 여성들의 업적에 유해한 영향을 끼쳐, 여성들은 자신의 독립적 가치를 망각한 채 남성에로의 예속이라는 사고적 굴레를 탈피하지 못하고, 시대가 변한 이후에도 한동안 중세적 사고의 수호자로 남게 되었다.

V. 근대의 여성

한국사회에서의 근대는 외세와의 갈등으로 인해 매우 복잡한 양상을 띤다. 서양의 근대가 개인주의와 시민사회출현을 특징으로 하며 다방면에서 긍정적인 요소를 배출하고 있었지만, 열강들의 침략에 맞서는 조선의 수구적 위정자 입장에서 근대화는 서구화를, 서구화는 사상의 식민지화를 의미하는 것이었다.

게다가 일본에 의한 식민지배는 왜곡된 근대사상의 주입을 가져와 근대사상을 수용하는 이들조차 그 폐단을 극복하지 못하고 많은 부작용을 일으키도록 하였다.

한편 여성사에 있어서 근대는 여성해방의 시작이었다. 평등사상과 더불어 유입된 여성운동은 차별의 고통을 감내하며 살아가던 조선 여성들에게 희망으로 다가왔다. 신여성운동은 몇몇의 돌출 행각으로 인하여 사회문제로 비화되는 시행착오를 겪었지만, 모든 사안이 민족문제와 연결될 수밖에 없는 시대적 악조건 속에서도 현대여성운동의 초석으로서 역할을 충실히 수행했다는 평가를 받는다.

1. 의식변화의 사상적 배경

(1) 조선의 사상 조류

1876년 개항과 더불어 개화기에 접어들면서 서양문물이 유입되자 개화파 인사들은 천부인권사상을 바탕으로 하여 차별 받는 계층의 권리에 대해 관심을 갖게 되었다. 그런데 조선에 있어 개화기는 근대사회로 전환하는 격동기로서 제국주의 열강의 침략이 노골화된 시기였다. 개화파 인사들은 이러한 국가적 위기 상황에서 근대화를 이루기 위해서는 국민의식의 개화가 중요하다고 생각하였고, 특히 국민의 절반을 차지하는 여성의 개화를 급선무로 생각하였다. 이에 따라 특히 여성의 인권에 관심을 갖기 시작하고 새로운 여성관을 주창하기도 했다. 초기 개화파인사들은 불합리한 사회 관습을 개혁하여 여성의식의 근대화를 실현하고 더 나아가 국가적 개화·자강을 실현하자고 주장하였다. 그러나 1890년대 후반기부터 여성계몽운동이 언론에 의해서 주도되기 전까지는 이들의 여성관이 일반 대중에게 미치지 못하였다.

그러나 개화파에 의한 의식개화운동이 아니더라도 이미 조선사회에서는 새로운 여성관이 대두되고 있었으니, 그것은 전래 사상의 진보와 새롭게 유입된 서구사상의 영향에 의해서였다.

① 실학

이미 18세기부터 다방면에서 시작된 사회 변화의 조짐은 19세기에 들어서 그 사상적 체계를 갖추었다. 인간적 욕망의 극단적 절제를 강조했던 조선성리학 자체에서도 자기비판의 목소리가 흘러나오기 시작했다. 이 반성적 전환에는 여성에 관한 문제도 당연히 포함되었다.

18세기 청나라로 가서 새로운 문물에 대한 식견을 넓혔던 박지원(朴趾源)은 '여성의 본질적인 가치와 본능을 남성과 마찬가지로 인정해야 한다'며 200여 년 이상 전개해 온 성리학적 여성관에 제동을 걸었다. 뒤이어 조선 후기 최고의 사상가였던 정약용(丁若鏞)도 '남편이 죽으면 같이 따라 죽는 것이 열녀가 아니라 오히려 남편이 없어도 남은 자식을 데리고 꿋꿋이 살아가는 여성이 진정한 열녀'라며 새로운 여성상을 제시했다. 이 두 사람은 모두 조선 사상의 근대적 발전을 이끌었던 학자들로서, 조선이 진보하는 데 있어서 여성문제가 간과될 수 없음을 명확히 꿰뚫어 보고 있었던 것이다.

② 서학(천주교)

그 무렵 그 전파 범위를 넓혀가고 있던 서학(천주교) 역시 극심한 박해에도 불구하고 여성의 삶에 전환적 변화를 야기했다. 먼저 특유의 전도활동은 그간 '내외법'의 속박에 묶여 있던 여성들에게 집밖으로 나갈 수 있는 계기를 마련해 주었다.

또한 『성경』 교리 공부는 성리학적 체계 하에서 지식 교육으로부터 배제되었던 여성들에게 지적 세계로 접근할 수 있는 길을 열어주었다. 게다가 '신 앞에 모든 인간이 평등'하다는 이념은 여성 스스로에게 인간으로서의 자각과 더불어 그 삶에 희망과 용기를 부여했다.

천주교에 의한 여성의 이러한 의식과 생활상의 변화는 남녀평등의 실현 가능성과 함께 더 나아가 여성의 인간화운동을 유발시켰다.

③ 동학

서학이 만연되는 데 위기의식을 가지고 민족주체사상을 강렬히 표방하며 창도된 동학에서도 역시 여성과 가정문제에 심도 있게 접근하였다. 동학의 창도자이자 제1대 교주였던 최제우(崔濟愚)는 사람이 곧 하느님이며 만물이 모두 하느님이라는 '인내천(人乃天)' 사상을 통해 신분과 성별을 초월한 인간평등 사상을 역설하였다. 이는 결국 여권향상에 있어 가장 적극적인 사상적 근거를 제시해 주었다. '모든 인간은 한울님을 모신 지고지순한 존재'이므로 인간은 누구나 평등하고 근본적으로 귀천이 있을 수 없는 것이다. 사람마다 '한울님'을 모시고 있으므로 사람 대하기를 한울님과 같이 여겨야 한다는 '사인여천(事人如天)' 역시 여기에서 비롯된 것이다. 더 나아가 인내천 사상은, 한울님을 모시고 있는 지고지순한 인간들이 모여 결국은 지상 신선이 되는 날 이

상사회가 도래한다는, 지상천국을 예언하는 현실개혁사상으로 발전하였다. 이러한 유토피아적 관념은 그 존귀한 인간을 잉태하는 어머니로서의 여성의 역할을 더욱 존중하게 하였다. 그래서 태교·청결·위생관념을 강조하였다.

제2대 교주로 등극한 최시형(崔時亨)은 조선사회의 무조건적인 '부창부수(夫唱婦隨)'와는 구별되는 '부화부순(夫和婦順)'이라는 새로운 개념을 가정의 화목을 위한 덕목으로 제시하였다. 이는 여성을 종속적이며 피동적인 대상으로 치부하는 것이 아니라 남성과 동등한 독립적 인격체로 인정한 것이다.

위와 같은 일련의 여성에 대한 관념은 1894년 내세운 폐정개혁안(弊政改革案)에서 '청춘과부의 개가를 허락'하라는 여성관련 시정책으로 그 일단이 표현되었고, 이후로도 지속적으로 발전하여 적극적인 여성의 전도활동이 펼쳐지며 여성교육과 근대화 운동에 큰 영향을 미쳤다.

④ 기독교

천주교에 비해 200여 년이나 뒤늦은 1880년대에 이르러 들어온 기독교는 교육과 의료사업을 통한 간접 전도활동을 펼침으로써 전통사회와의 직접 마찰을 극소화하였으나, 일반과 여성생활에 미친 효과는 가장 컸다. 그것은 앞서 들어온 천주교의 역할도 있었으나, 그보다는 개화정책이 보다 적극적으로 추진되고 있었던 당시 사회적 분위기와 여건 때문이었다. 기독교가 수반한 서구의 시민사상과 자유주의 사상은 새로운 시대에 들어선 조선에서도 부합될 수 있는 여지를 지니고 있었으며, 또 필요한 사상이기도 했다. 기독교가 간접전도활동으로 펼친 교육이나 의료사업은 가정에 묶여 있던 여성들을 사회로 진출시키는 계기를 마련해 주었다. 이로 인해 기독교는 가부장제 이데올로기에 대해 도전적인 종교라는 인상을 갖게 되었다.

여성과 관련된 의식 변화에 있어, 기독교나 동학사상은 종교의 테두리에서 벗어나지 못하는 한계성이 있었지만, 그럼에도 불구하고 여성 스스로의 주체의식과 독립적 인격체로서의 가치를 자각하게 하는 논리적 근거를 제공하였다는 데 충분한 의미를 찾아볼 수 있다. 그것은 곧 종래의 내외법·삼종지의(三從之義)·칠거지악(七去之惡) 등 여성 억압적 굴레와 반비례하여 자유연애·자유혼인·평등한 부부관계와 더불어 가정 내에서 여성의 지위가 향상되어 감을 의미하였다.

(2) 서양의 여성운동

페미니즘(Féminisme)이란 사회에 있어서 여성의 권리와 역할의 확장을 주장하는 이론을 뜻한다. 산업혁명 이후, 노동을 통해 개별적이고 독립적인 임금을 획득하면서 경제적 자립기반을 마련한 여성들은 성차별에 대한 반발의 투쟁을 시작했다. 이러한 여성운동의 조짐은 이미 르네상스(Renaissance)기부터 시작되었다.

① 산업혁명 이전시기

르네상스 시기는 여성에게 있어 '가정으로의 유폐'기이다. 프랑스에서는 아내가 남편 및 재판소의 허가 없이 행하는 일체의 행위를 무효화시킬 정도로 여성의 독립적 권리를 부정한 데 비해, 이탈리아에서는 이슬람 문화의 영향으로 문화 영역에서만큼은 여성해방적 전통을 유지하고 있었다. 같은 시기 영국에서는 상인계층의 경우에 한하여 여성이라도 법률적 보호를 받을 수 있는 제도를 마련하였다. 인문학에 대한 관심이 드높던 르네상스시기의 여성에 대한 억압은, 결국 여성해방론이 르네상스의 등장과 함께 비약하는 결과를 초래하였다.

절대왕정(Absolute Monarchy) 시대는 '여성 유폐에 대한 저항기'였다. 이러한 움직임은 먼저 지배층 여성으로부터 시작되어 차차 하위계층에 파급되었다. 상류층 여성들은 사회봉사 활동에 참가하면서 가정 밖에서의 활동을 시작하였고, 중류층 여성들은 당시 열풍적으로 몰아친 신세계(미국)로의 이주를 통해 가정 안팎에서의 역할을 높여갔다. 그러나 기층민 여성들은 더욱 곤란한 상태에 있었다. 가내수공업이 감소하기 시작하고 경제적 어려움에 처하며 가정에서의 위상도 더욱 추락하였던 것이다.

시민혁명은 세계 각국의 여성으로 하여금 '여권(女權)선언'을 하도록 독려하였다. 프랑스 혁명 후 발표된 「인권선언」이 남성과 남성시민만을 위한 것임을 깨달은 엘리트 여성들은 이에 대한 비판과 더불어 급기야 Gouge 부인 주도로 「여성과 여성시민의 권리 선언」(Declaration des droits de la femme et de la citoyenne)을 내놓기에 이르렀다. 영국의 크라프트(Craft) 부인은 『여권의 옹호』(1792)라는 저서를 발표하고, 남성과 평등한 교육의 기회를 제공하지 않는 것에 대하여 항의했다. 미국 뉴욕의 세네카 폴즈(Seneca Falls)시에서 남녀동권(男女同權)을 주장하는 여성들이 모여서 미국의 독립선언문을 모방, 여성의 독립과 자존을 부르짖는 감정의 선언을 발표하였다.

프랑스 혁명이 로베스 삐에르의 체포, 처형과 동시에 점점 반동화하면서 다시 여성의 권리가 억압되고 여성운동가들도 추방당하는 일이 속출하였지만, 프랑스 혁명 사상과 함께 여성해방론도 각국으로 전파되어 발전해갔다.

② 산업혁명 시기

근대에 이르러 여성들이 가내수공업의 틀에서 벗어나 노동자가 되는 데에는 몇 가지 배경적 조건이 전제되었다. 첫째, 가정에서 종사할 수 있는 부업이 소멸되는 것, 둘째, 자급자족적 폐쇄경제체제의 몰락으로 농업만으로는 생계유지가 곤란함, 셋째, 이전·이주·결혼제한의 폐지, 넷째, 기계제공업의 노동자로 적응할 수 있는 새로운 유형의 여성 육성 등이 그것이다.

여성의 임금 취득은 여권의 물질적 기초로 작용하였다. 또한 대공업의 공정을 통하여 남·녀·노·소의 새로운 관계를 설정할 수 있는 단서를 찾기도 하였다.

③ 산업혁명 이후시기

산업혁명은 여성뿐만이 아니나라 남성들의 인식체계도 변화시켰다. 같은 일에 종사함에도 불구하고 차별적 대우를 받는 여성노동자의 처지는 남성들의 동정적인 협조를 이끌어 냈다.

또 20세기 전반기에 일어난 두 차례의 세계대전은 여성을 생활의 최일선에 시게 하며 그 위상을 확인하게 하였다.

④ 여성운동의 재건시기

서양의 전후세대(1935~1945년 이후 출생한 세대)들이 성장하며 여성운동은 새로운 전환기를 맞이했다.

양차 세계대전을 통해 획기적으로 발달한 과학기술의 영향을 받은 이들의 특성을 가장 잘 보여주는 것 중 하나가 성(性)과 생식의 분리를 위한 투쟁의 전개이다. 이들이 주장한 임신중절(낙태)의 자유는 산아제한 정책과 맞물려 잠시 순항하는 듯 하였으나, 곧 종교적·윤리적 주장과 충돌하며 현재까지도 논쟁대상이 되고 있다.

20세기 후반부터 여성운동은 기존의 이론들도 과감히 비판·수정하며 보다 효율적 방법을 모색하기 위해 여러 각도에서 접근을 시도하며 다양한 이론을 전개하고 있다.

2. 혼인 및 가족제도의 변화

1920년대 이후 일제의 식민지정책에 따라 전통사회가 해체되어 가고 자본주의 사회로 전환되어 감에 따라 기존의 가족관계는 해체되어 갔고, 따라서 혼인제도 역시 변화를 필요로 하게 되었다.

(1) 혼인의 3대 현안 논의

당시 지식인들은 개화의 발목을 붙잡는 사회 곳곳의 사안들은 발굴하여 논의의 대상으로 삼고 이를 개혁하고자 하였는데, 혼인 문제는 그 중에서도 우선개혁대상이 되었다. 후일 '여성해방의 맹아'로 주목받게 되는 혼인에 관련된 3대 현안은 조혼, 재혼, 축첩에 관한 사항이었다.

① 조혼의 금지

조혼이 제도적으로 금지된 첫 번째 사례는 1894년 갑오경장(甲午更張) 때였다. 이 때 처음으로 남녀의 조혼을 금지하며 혼인연령을 남자 20세, 여자 16세 이상으로 규정하였다. 그러나 서구사상의 영향을 받은 지식인들에 의해 이 역시 너무 어리다며 비판되었다. 특히 『독립신문』에서는 「조혼지폐(早婚之弊)」, 「논혼인(論婚姻)」, 「조혼(早婚)이 조사(早死)」 등의 사설을 통해 조혼의 폐단을 조목조목 비판하였다.

> 부부가 사랑도 없이 강제적으로 일찍 혼인함으로써 건강하지 못한 자식을 낳게 되고, 또 대부분 본인의 자유의사에 따른 선택이 아니므로 나이 들어 후회하고 첩을 얻어 가정의 화목·행복은 고사하고 생활력도 없는 남자의 혼인과 자식의 불건강은 인구감소 현상으로까지 확대될 수 있어 그 폐단이 심각하다.
>
> 우리나라에서는 지금 10세 내외면 혼인하는데 문명국에서는 남자 25~35세, 여자 20~26,7세에 혼인한다.

당시 서구는 산업혁명 이후 남녀를 막론한 대부분의 젊은이들이 전통적인 농업사회를 이탈하고 도시의 산업구조 안에 편재되어 있었기 때문에 상대적으로 독립적이었고, 그 '독립'을 지탱하기 위한 경제적 기반을 갖추고자 급여를 받는 산업노동에 종사하였으므로 점점 그 혼인연령이 늦춰져 가고 있는 추세였다. 위의 사설에서 그 사회적 구조의 차이를 인식하지 못한 것인지, 아니면 무시한 것인지는 분명치 않으나, 조혼의 풍습은 일제가 적극적으로 조선의 산업에 개입하기 이전까지, 즉 공업도시가 발생하기 이전까지는 소멸되지 않고 단지 그 혼인연령이 다소 상향 조정되는 것에 그쳤다.

② 과부의 재가 허용

1894년의 갑오경장 때는 재가금지에 관한 사항도 포함되어 있었다. 즉 과부의 재가는 그 귀천을 막론하고 본인 자유에 맡길

것을 선포하였다. 그러나 이것은 당시 사회에서 널리 실행되지 못하였다. 그 이유는 기존의 여성 정절관념이 사회적으로 뿌리깊게 남아 있는 데다가 특히 양반층의 경우 가문의 명예문제와도 연루가 되어 있던 탓이다.

박영효(朴泳孝)는 1898년 개화의 필요성을 역설한 상소를 통해,

> 역사에 원래 개가금지가 법으로는 없었는데 조선시대 유교적 정절관념에서 과부의 재가를 금지한 것은 여성에게 매우 가혹한 처사이므로 이를 철폐해야 한다.

라며 여성의 재가금지를 역사적 통찰을 통해 비판하고 있다. 그는 또,

> 무릇 남녀가 그 질투하는 마음은 같은데 남자는 처가 있어도 첩을 들이면서 때때로 처를 속박하고 또 쫓아내기도 하는데 그래도 처는 개가도 못하고 이혼도 못하니 이는 법에 있어서 여자의 간음만을 금하고 남자의 난잡함은 금하지 않는 까닭이다. 또 남자는 부인이 죽으면 재취할 수 있게 하고 여성은 남편이 죽으면 아직 혼례를 치르지 않았더라도 재가할 수 없는데 이는 가족과 친척이 제재하는 까닭이다.

라고 언급하여 재가금지의 부당함과 인간적 불평등함을 지적하고 있다.

이와 같은 식자층의 지속적인 계몽활동에도 불구하고 재가금

지의 관습은 여전히 사회일반의 삶에 지속되었다. 그것은 당시 열강으로부터 직·간접적 위협 속에서 위태롭게 국운을 이어가다가 결국 일제에 병합 당한 국가적 상황이 과부의 처지에 투영되어 국민으로서의 애국심과 과부의 절개가 동일시되었던 사회분위기 때문이기도 했다.

③ 축첩의 금지

조선 말기 축첩 풍습은 정부의 고위 관리로부터 일반 백성에 이르기까지 만연되어, 심지어는 '처 하나에 첩 둘'을 두어야만 대장부라는 말이 생길 정도로 성행하였다.

박영효는 그가 올린 「개화상소」에서 '축첩비의(蓄妾非義)'라며 축첩 행태에 대해 신랄히 비판하였다.

> 세계에서 가장 천한 사람으로 취급받는 것이 첩이며 그 자식도 천대받는다. 첩 둔 남자의 대부분이 부인들을 박대하니 첩을 두는 남자나 첩이 되는 여자 모두가 잘못이다. 이런 고로 반상(班常)의 차별은 없어져도 처첩의 구분은 없앨 수 없다.

박영효가 위의 상소문 중에서 언급한 첩은, 경제적 곤란함으로 팔려가다시피 첩이 되는 경우를 지적한 것이 아니라 자신의 부귀영화를 도모하여 자의적으로 첩이 된 경우를 염두에 둔 듯하다. 새롭게 '자유의지'를 인식한 근대 초기의 남녀들은 조혼의 풍습에 따라 일찍 혼인한 배우자를 버리고 새로운 상대를 만나 동거에 들어가는 경우가 종종 있었다. 특히 도회지에서 이러한 일은 상대적으로 빈번하였다.

그런데 앞서 밝혔듯이 유교적 제도에서는 정처의 신분보장에 있어서 철저함을 보이고 있으므로 안정적인 지위를 확보하기 위해서는 남성이 법적으로 이혼을 하고 새로 얻은 여자가 정처의 지위에 올라야 한다. 이러한 사례는 20세기에 들어서 보다 확연히 드러난다. '신여성'이라 하여 도시에서 새로운 사상을 익혀 남자들과의 대화상대로 부족함이 없을 만큼 유식해진 여성들이 향촌에 이미 혼인한 처를 둔 남성들과 '사랑'을 빙자하여 동거에 들어간 후 원래 처를 남성과 공모해 내쫓고 정처의 지위를 차지하는 경우가 종종 발생하여 사회문제가 되기도 하였다. 결국 축첩의 관행은 갑오경장 시기나 박영효의 상소 이후에도 그치지 않았던 것으로 보인다.

혼인에 관련된 3대현안에 대한 비판은, 비록 당시 즉각적인 실효를 거두지는 못하였으나, 당사자 중심의 자유혼 개념이 발생하고 예식에서 서구식 혼례가 도입되며 전통혼례의 간소화가 추구되는 성과를 보였다.

(2) 기존 가족관계의 비판

조선 말기 여성문제와 부부관계에 대해 가장 적극적이고 진보적이었던 동학 사상은 천도교로 전환된 이후에도 여성계몽운동을 지속적으로 펼쳤다. 이는 주로 언론활동을 통해 이루어졌는데, 『만세보(萬歲報)』가 여성교육을 지원하는 데 치중했다면, 『개벽(開闢)』지는 부부관계에 대한 개혁적 변화를 주장하며 여성해방운동을 선두지휘하는 역할을 하였다.

> 가족제도는 시대에 따라 변화하는 것인데, 지금 부인의 인격을 무시한 가족제도는 개인에 대한 인격발전을 무시하고 더 나아가서는 민족의 발전을 저해한다.
>
> 창해거사, 「가족제도의 측면관」, 『개벽』, 1920년 8월.

> 종래의 부부유별관도 변천하는 복잡한 현대사회에서는 전혀 맞지 않는다. ……. 여성의 자유로운 사회적 교제를 허용하고 부인에게 일상생활에 필요한 교양교육을 적극 장려하고 독립적인 직업관념을 심어줌으로써 여성도 하나의 인격체임을 인정하고 올바른 부부관계가 형성되도록 해야 한다.
>
> 백두산인, 「동양식의 윤리사상 변천 - 가족윤리의 일단」, 『개벽』, 1921년 11월.

이러한 주장은 급작스럽게 나온 것이 아니라, 『개벽』지의 창간 이래 지속적으로 펼쳐온 여성교육과 여성해방에 관한 주장들 사이에서 그 연속성을 갖고 게재된 것이었다. 천도교는 변화된 시대에 맞춰 새로운 가족관을 제시하고 그에 걸맞는 여성관을 사상적으로 뒷받침해 준 것이었다.

1930년대에 들어서자 여성과 관련된 가족관계 문제는 더욱 구체화되었고, 신여성을 대상으로 하는 행동지침도 나타났다.

> 첫째, 결혼에 대해서는, 적어도 당사자들끼리 면회는 해보고 책임을 질 자로서 최종 결정은 자기가 한다. 둘째, 시부모 형제에게는 남편과의 정당한 사랑을 주고받는 관계에서만이 의무가 있고 그렇지 않을 경우에는 의리나 자선이지 의무와 혼동할 일이 아니다. 셋째, 신여성은 이혼에 대해서도 남자들같이 이혼 후 재혼이 쉽지는 않지만 자기가 직접 직업전선에 나서서 경제적 고통을 당할 것을 각오하고라도 현재의 결혼생활의 불만을 벗어나기 위하여 자각적으로 이혼하기를 주저치 않는다. 넷째, 자녀에 대한 태도도 달라지고, 다섯째, 과학적이며 합리적인 가정생활을 하려고 한다.
>
> 고황경, 「조선여성과 가족제도」, 『여성』, 1937년 10월.

이 주장에는 당시 신교육을 받은 여성이 기존의 가치관을 지닌 가정에 들어가 자신이 지닌 지식이나 가치를 상실해서는 안 된다는 것과 나아가 여성의 의식과 태도가 변해야 가족과 사회가 변한다는 것에 대한 강한 믿음이 실려있다. 즉 새로운 교육을 제대로 받은 여성들에 의해 가족제도는 점차로 개선될 것이며, 당시 표출된 문제들도 따라서 소멸될 것이라는 낙관적 전망이 담겨 있는 것이었다.

이러한 신여성 운동이 당시 사회의 현실에서 얼마나 실천되었을 것인가라는 질문에 대해 그리 반가운 대답을 기대하기는 곤란할 듯하다. 그러나 이는 앞으로 다가올 가족관계의 변화를 예견한 것으로, 현재 한국의 현실에서도 비견해 볼 수 있는 것이다. 즉 신·구세대간의 갈등, 남녀간의 문제에 있어서 그들이 기대했던 변화된 모습에 근접한 상황을 현재에서 찾아볼 수 있는 것이다.

3. 신·구 여성관의 충돌

1920년대가 되자 처음으로 여권에 관한 논의가 시작되었다. 그 중심 내용은 자유로운 남녀교제와 결혼문제였으나, 그 행태의 파격성으로 인해 초기에는 일반인들에게 비판의 대상이 되기도 하였다. 이것은 자유연애와 결혼을 통한 보다 평등한 부부관계로의 지향이 급변하는 의식에 따르지 못하는 당시 사회현실에서 자가당착적 부작용도 간간이 발생한 탓이었다. 대표적인 사례로, 성악가 윤심덕(尹心悳)이 유부남이었던 김우진(金祐鎭)과 함께 현해탄에 투신, 동반자살한 사건이 있다. 앞 절에서 설명한 바와 같이 당시 과도기적 혼란 상황에서 유부남과 신여성간의 사랑과 결혼이 이중혼·도피행각 등의 사회문제로 비화되는 일도 적지 않게 발생하였다. 이 외에도 신여성 대표주자 3인으로 불리던 나혜석, 김원주(일엽), 김명순 등의 경우도 당시 업적보다는 스캔들로 더욱 유명할 정도였다. 염상섭의 「너희가 무엇을 얻었느냐」, 김동인의 「김연실전」 등에서 신여성들은 돈과 섹스에 탐닉하는 탕녀로 매도되고 있다. 즉 신여성들의 주장은 근대적 지식인으로 자처하던 이들에게까지도 배척 당했던 것이었다.

그러나 사회의 반발적 반응에도 불구하고 신여성으로 불리던 여성들의 주장은 진보적이었고, 구체적 방안도 제시하였다.

> 남녀간의 자유혼은 시대의 당연한 추세인 바, 다만 어떻게 하면

> 남녀간의 자유교제를 가능케 할 수 있을 것인가가 문제 …… 서양에서는 교회에서 알기도 하고 또 무도장에 그 부모가 그 자녀를 데리고도 가며 가정과 가정 사이에 초대도 있고 …… 남녀의 교제가 없는 조선에서는 아마 서로 아는 집끼리 자주 왕래하는 것이 좋은 방법인 줄 압니다. …… 이 외에 교제가 넓은 이가 책임을 가지고 청년 남녀를 위하여 교제하는 회를 조직한다던지 ……
>
> 김원주, 「신년 벽두에 조선여자에 대한 나(余)의 소망」, 『매일신보』 1921년 1월 9일~10일자.

'신여자사'의 주필로 있으면서 활발히 여성운동을 전개했던 김원주는 건전한 남녀교제가 행복한 결혼생활을 이끌어낼 수 있다고 전망하면서, 비단 청춘남녀 뿐만이 아니라 과부시어머니들까지도 일정한 대외활동을 해야만 고질적인 고부간의 갈등이 해소될 수 있다는 조언도 덧붙였다. 그는 또 남편이 아내에 대한 존경심을 가져야만 남편의 품행이 방정해질 수 있다며 여성에 대한 인격적 대우의 중요성 역시 잊지 않았다.

한편 당시 활발하게 사회활동을 전개했던 신여성들 중에서는 독신이 많았는데, 대표적인 이가 김활란, 이숙종, 고황경, 서은숙 등이었다. 그들은 가정과 직장을 병행하기 힘든 시대 상황을 간파하고 의도적으로 독신을 고수하였거나, 또는 사회활동에 익숙해져서 혼인의 필요성을 불감했다. 남녀를 불문하고 '독신'이라는 것에 아직 익숙하지 않았던 대중의 평가는 대체로 '사회의 상도를 벗어난 기형적 생활을 한다'는 비판적인 것이었다. 그러나 한편으로는 자신의 사업이나 예술을 위해 어려운 생활을 극복해 나가는 점에 관심과 호의를 표명하기도 했다.

초기 여권론에 대한 비판적 관심을 극복하며 1930년대에 이르자 여권은 실제에서 다소의 발전적인 측면을 보였다. 속칭 '마주벌이'라는 맞벌이 부부가 증가하였고, 지식층 여성 중에서 국제결혼이 증가하였으며, 몇몇 여성용 잡지도 창간되어 여성운동에 촉진제가 되었다. 대표적인 것이 『신여성』(1923년 창간)과 『신동아』(1931년 창간)였는데, 이들 잡지에서는 연애와 결혼, 그리고 이혼과 독신의 삶에 대해 구체적이고 사실적으로 소개함으로써 여성들의 실제 삶에 지표역할을 하였다. 또한 특이할 만한 것은 '성(性)'에 관한 여성의 기사를 게재하여 당시 여성뿐만이 아닌 전 사회적으로 큰 반향을 일으켰다.

여권론이 진전을 보이자 그에 비례하여 부작용도 더욱 커졌다. 신·구 여성관간의 갈등이 노출된 것이다. 이는 식민지 자본주의 체제하의 여성교육과 여성의 사회진출이 전통적인 유교 윤리와 충돌을 일으킨 것이었다. 구체적으로 정조관념에 있어 혼란이 야기되었고, 유부남과 중혼을 한, 즉 첩이 된 신여성도 적지 않았으며, 이로 인해 남편에게 소박 당하는 여성이 증가하는 등 여성의 가치관에 일종의 아노미현상이 발생한 것이다. 당시 신여성운동가들은 갈수록 심화되어 가는 이 갈등관계의 해소책을 앞의 고황경 주장처럼 가족관계로부터 찾기도 하였다. 그러나 그 갈등은 사회경제 구조의 변화가 발생한 이후에야 다소의 해소를 보였다.

1920,30년대 신여성 운동으로 가정과 혼인으로부터 일정한 해방을 얻어냈다고 생각한 여성들은 사회경제적 구조의 변화와 함께 자연스럽게 사회활동과 직장으로 진출하였고, 그곳에서 새로운 여성해방을 맞이하고자 노력하게 된다.

4. 사회경제 구조의 변화와 여성의식

비록 일제 식민지배에 따른 것이었으나 자본주의 산업화가 진전됨에 따라 여성노동력을 원하는 수요가 급증하였다. 물론 전근대 시기에도 여성은 가사나 농업에서 분명 일을 하였다. 그러나 산업화에 따른 노동이 그 이전시대의 노동과 분명한 차이를 보이는 것은, '금전화'된 대가의 유·무였다. 전통사회에서 여성의 노동이 '별로 대단해 보이지 않고' 분명한 '대가'도 없지만 하지 않으면 '나태'하다며 질책 받는 '당연한' 임무였던 데 비해, 산업사회에서의 여성의 노동은 그 일한 만큼의 대가를 개별적으로 받는 '분명한' 산업활동이었다. 즉 산업사회에서 여성의 경제활동 참여는 여성에게 경제적 독립에 더하여 여성 존재의 사회적 가치를 자타 모두에게 인식시키는 일이었다.

이러한 측면을 감지한 개화기 지식인들은 『독립신문』이나 『황성신문』, 『매일신문』 등을 통한 언론활동을 통해 여성의 사회·경제활동 참여를 적극적으로 지지하고 권장하였다. 그들은 경제적 무능력으로 인해 남성에게 의지하여 독립된 인격을 지니지 못했던 여성들의 삶을 변화시킬 수 있는 단서를 여기서 찾았던 것이다. 이러한 사회적 분위기는 당시 대표적 여성단체 중 하나였던 '진명부인회'의 설립취지에서도 나타난다. 그들은 여성의 개화를 위한 교육과 식산 및 여공을 장려함을 표방하고 있는 것이다. 이렇게 전문직종으로 사회에 진출한 여성들은 자신의 분야를 넘어서 전 사회를 지도·계몽하는 활동에 참여하였고, 또한 구국운동의 선두에 서서 사회 지도층으로서의 역할을 담당하였다. 국채보상운동이나 3.1운동에서의 활약이 그 대표적 사례이다.

그러나 여공의 경우 그 임금에 있어 남성 노동자들과 차별을 받았다. 이것은 서구의 초기 산업화 시기에도 나타났던 현상으로 심한 경우에는 남성의 1/4 수준에 해당되는 급여를 받기도 하였으나 보통 남성 임금의 70% 정도가 일반적이었다고 한다. 일본의 현지 사정 또한 그랬다고 하니 일본의 직·간접적 영향이 있었음을 알 수 있다. 그러나 차별은 임금에만 국한되지 않았고, 경우에 따라 성상납을 요구받기도 하는 등, 상대적으로 낮은 지위에 있었던 여공들은 산업현장에서도 성별로 인한 차별을 받았다.

이후 신식교육의 혜택 범위가 넓어짐에 따라 여성의 활동영역도 확대되었는데, 교육직·의료직(의사·간호사)·생산직·사무직(기자)·자영업(예술분야) 등 군인직과 정치계를 제외한 사회 다방면으로 두각을 드러내었다. 특히 전문직으로 진출하는 여성들이 눈에 띄게 증가하였는데, 이중 교육계와 의료계에서는 우리나라 최초의 전문직 여성이 배출되었다.

의료계의 경우, 우리나라 최초의 여자 양의사는 박에스터(김점동)였다. 조선에서 여의사 양성을 위한 근대 의학 교육이 시작된 것은 1890년 외국인 선교사인 홀 부인이 이화학당 졸업생 다섯 명에게 보조원으로서 의학을 가르치면서부터였다. 이것이 1928년

경성여자의학강습소로 발전되어 조선 내에서도 여성을 위한 공식적인 의학 교육기관이 마련되었다. 이 경우가 아니라면 주로 일본에 유학하여 의학 공부를 하고 돌아온 것이었다. 박에스터는 전자의 경우였는데 후에 미국에서 정식으로 의학공부를 하고 돌아와 서울은 물론, 황해도, 평안도를 두루 돌아다니며 진료에 열중하였으나 그만 과로로 34세의 나이에 요절하고 말았다.

박에스터처럼 과로 역시 여의사들에게 고통을 주었으나 그보다 더한 고통은 역시 성차별이었다. 여의사들의 진료과목은 대체로 소아과와 산부인과였는데, 이는 여성의 출산과 아이의 건강을 보살피는 것이 여성의 역할이라는 전통적 관념 때문이었다. 덕분에 여의사들은 두 분야에 관한 독보적 전문가 지위를 획득했으나, 반대로 다른 분야로 진출하는 것은 거의 불가능하였다. 또한 남자보다 더 완벽한 역할 수행을 못할 경우 의사와 같은 전문직종에서 그 능력을 인정받지 못하는 경향도 있었다. 일제시대 여의사였던 이영실의 고백은 당시 전문직종의 여성들이 공통적으로 겪었을 어려움을 잘 나타내 주고 있다.

> 꾸준한 연구에만 몰두하기에는 조선의 가정제도가 여자에게 주는 질곡이 너무 과중하다. …… '여자는 용기가 없고 연구심이 부족하다'는 등의 여성에 대한 부정적, 혹은 차별적 인식으로 의사로서의 역할을 수행하는 데 어려움이 있다. …… 여성들 자신이 입지를 확실하게 만들어 자신의 천직을 다하면 사회의 오해도 없어지리라고 생각한다. …… 나는 하나의 의사로서 완전한 존재가 되어 보겠다. 그리고 성공을 위해서는 어떠한 어려움이라도 뚫고 돌진할

각오가 되어 있다.

『매일신보』 1931년 11월 15일자.

이영실의 사례에서 잘 알 수 있듯이 여성의 사회진출을 요구하는 당시 사회·경제적 분위기에도 불구하고 실제에서는 일정한 곤란함이 있었다. 먼저 전문직종 내에서의 성차별 문제로, 여성의 일차적 역할을 가정의 내에서의 '아내로서, 어머니로서'라는 성별 분업의 고정관념과, 또 직종과 상관없이 직업여성에 대한 사회적 인식의 부족 때문이었다. 두 번째는 일과 가정생활과의 양립 문제가 여성들을 괴롭혔다. 당시 이상적인 여성상이란, 현모양처로서의 직업여성으로서 일과 가정생활을 모두 완벽하게 완수하는 여성이었다. 신문이나 잡지 등에서도 이러한 여성상을 강조하여 여론화하였고 여성 자신들도 이를 이상형으로 추구하게 되었다. 그러나 이것은 소위 '수퍼우먼컴플렉스'라는 것으로, 모성이데올로기가 산업사회와 충돌하여 발생한 것이다.

결국 식민지하의 여성들은 실현이 불가능한 모델을 꿈꾸며 여성을 끝없이 괴롭히는 자타의 공격에 시달리고 있었던 것이다.

신교육을 통해 가부장적 관습과 의식에 비판적인 시각을 갖게 된 여성들은 기존 남녀관계에 대해 도전적인 태도를 취하였으나, 당시 사회 분위기는 이러한 진보적인 의식을 수용할만한 객관적 조건이 마련되어 있지 않았고, 가정내이 가족관계에서도 능력 있고 영리한 여성들을 수용할 수 있는 의식이 성숙되지 못한 탓이었다.

그 결과로 전문직 여성의 독신화 현상이 증가하였고 결혼한 경우에도 부부 사이의 불화가 늘어갔다.

5. 사회주의 여성해방론의 대두

1920년대 세계적 조류로서 유행한 사회주의 사상은 획기적 여성해방론을 내포하고 있었다. 주로 미국이나 중국, 일본 유학생을 중심으로 수용된 이 새로운 사상은 당시 지식인 사회에서는 누구나 한번 사회주의자가 될 만큼 동경심이 강한 것이었다.

1924년 '여성동우회'가 발족하며 본격적인 사회주의 여성해방론이 대두되었다. 여성의 억압이 기본적으로 사회구조에 기인한다고 보아 철저하게 사회체제 변혁을 목표로 하는 이 운동은 식민체제를 극복하려는 애국적 의지와 더해져 지식인들 사이에서 관심을 모았다. 먼저 박원희는 여성의 정치운동을 통한 사회개혁을 주장하였다.

> 철같이 굳은 의지와 거울같이 맑은 정치적 지식이 있어야 비로소 유력한 일꾼으로서 세상과 싸워갈 수 있습니다. 음악도 예술도 집어치우고 문화생활에서 뛰어나와서 사회를 위하는 일꾼이 되기 위하여 정치적 지식을 부지런히 길러야 될 줄 압니다. 그것을 얻자면 더욱 사회에 직접 참가해야 합니다.

한편 이현경은 사회의 무산계급과 유산계급 개념으로 남성과 여성의 관계를 분석하였다.

> 피지배층이 궐기하는 것은 당연한 정의이며 사명이다. (그간) 여

> 자가 사회적으로 사람이 아니었음을 자각하고 당당한 주체로 각성할 것.
>
> 「사회인으로서의 부인의 사명」, 1927년.

주세죽, 박원희, 정종명, 허정숙, 황신덕, 백신애 등은 사회주의자였던 남편과의 동지애 속에서 자신들의 여성해방론을 적극 실천하였다. 그러나 대부분은 일제의 극심한 탄압으로 단명하거나 사회주의를 포기하고 사상전환을 하였다. 또한 당시 일제로부터 민족해방이 우선과제였기 때문에 계급해방이나 여성해방은 부차적인 것으로 취급되는 분위기였다.

1927년에 탄생한 '근우회'는 앞선 여성해방운동의 시행착오를 극복하며 여성사회는 물론 일반 사회운동계에 큰 영향을 미쳤다. 우선 이들은 이념적·조직적으로 분산된 여성운동을 통합하였다. 또한 여성의 지위향상과 민족의 독립을 위해 투쟁할 것을 천명하였다.

> 일반민을 고조하여 복수를 망각하여서는 아니 된다. 고로 우리는 조선여성운동을 전개함에 있어서 조선여성의 모든 특수점을 고려하여 여성 다로의 전체적 기관을 가지게 되었나니 여사한 조직으로서만 능히 현재의 조선여성을 유력하게 지도할 수 있는 것을 간파하였기 때문이다. …… 조선 여성에게 얼크러져 있는 각종의 불합리는 그것을 일반적으로 요약하면 봉건적 유물과 현대적 모순이니 이 양 시대적 불합리에 대하여 투쟁함에 있어서 조선여성의 사이에는 큰 불일치가 있을 리가 없다. …… 여성은 벌써 약자가

아니다. 여성 스스로 해방하는 날 세계가 해방될 것이다. 조선 자매들아 단결하자.

「근우회선언」, 1927년 7월.

근우회는 보다 구체적인 행동지침을 선포함으로써 여성지위 향상을 위한 구체적 방향 제시와 정치적 행동진출을 표명하였다.

1. 남녀의 정치적 · 사회적 절대 평등.
2. 결혼의 자유, 직업의 자유.
3. 인신매매의 철폐.
4. 여자교육의 확장, 현 교육제도의 개선, 문맹퇴치.
5. 모성보호.
6. 무료 탁아소 및 육아소 설치.
7. 여공의 보호, 노동조건 및 공장시설의 개선.
8. 농촌부인을 보호하는 제종시설.
9. 집회 · 결사 · 언론 · 출판의 자유.

「근우회 경성지회 행동강령 9개조」, 1928년 3월.

이를 통해 당시 근우회의 대표적 이슈는 남녀차별을 정치 · 사회적으로 철폐하고 혼인의 자유와 모성보호 등이었음을 알 수 있다. 초기의 여성운동 단계에서는 지도자들이 다수 대중여성들의 신뢰를 얻는 데 주력해야 하며, 운동의 질보다는 양적 계몽교양운동에 치중할 것이 강조되고 있다.

그러나 근우회 회원 중 일부는 이러한 근우회 운동 방향에 반

대하며 투철한 운동의식을 강조하였다. 먼저 황신덕은,

> 27년 여성운동은 성공한 듯하나 실은 극히 미약하고, 운동자금과 헌신적 투사의 결핍을 면치 못하고 있다. 여성운동은 일시적 여흥 기관이거나 호상 친목에 그 목적이 있지 않다.
>
> 「여성운동에 대하여」, 『조선』, 1929년 7월 17일.

며 근우회 초기의 활동을 비판하고 있다. 또 허정숙은,

> 여성계몽운동을 표어로 하고 성차별문제를 위하여 투쟁하는 조직체인 근우회는 이상에 말한 바와 같이 그것이 조선의 현실적 조건에 비추어 여성의 성적 해방운동만이 과정적 구경의 목적이 아닌 동시에 이 운동만으로써 여성의 실제적 해방이 완전히 올 수 없다는 것은 누누이 말한 바이다. …… 근우회의 창립 2주년이 되는 오늘에 있어서도 우리의 임무를 실행한 어떠한 업적이 크게 나타나지 않게 되었다. 그 원인은 객관적 조건의 불합리도 없지 않았으나 주체적 조건에 있어 그 활동이 빈약하였던 까닭이다. 즉 근우회의 구성요소가 필연적 관계보다 자연적 관계에 의함이 많았던 것과 또는 능동적이 아니오 투쟁적이 아닌 것이며 …… 근우회 자체가 대중여성을 위하여 일상투쟁을 하지 않았던 것이 대중여성을 망라치 못한 원인이 되었으며 업적이 적막소조하게 된 내적 조건일 것이다.
>
> 『근우』, 1927년.

라며 초기 근우회 활동의 허점을 조목조목 지적하고 있다.

근우회는 그 독자적 존립의 의미가 충분히 있었음에도 불구하고 대내외 여러 문제를 극복하지 못한 채 결국 흐지부지해졌지만, 반제·반식민의 민족자주독립과 반봉건의 여성해방을 동시에 주장하며 명확한 여성의식을 보여준 최대의 여성조직체였다.

한편 이러한 사회주의적 분위기와 맞물려 1920년대 후반~1930년대 전반에 걸쳐 여성 노동운동이 발생하였다. 정미업의 선미여공으로부터 시작된 여성 노동운동은 제사·방적·방직 등의 섬유공업, 고무공업으로 급속히 확산되어 활발히 일어났다. 그 외 성냥공장·제과점·양말공장 등 여성 노동자가 있는 곳이면 어디서든 어느 때나 일어났다. 그 내용은 임금인상과 임금인하 반대요구로 시작하여, 대우개선과 감독 배척의 요구, 여공들의 기숙사 생활개선 등으로 확대되었다. 사회주의 노동운동은 초기 남자에 비해 차별적인 임금과 성적 착취를 일삼는 부당한 처우 개선을 위해 자연발생적으로 일어났으나, 차츰 나성노동자나 사회주의 배후세력의 협력을 받으며 사회주의적 정치투쟁으로 격화되는 양상을 보이기도 하였다.

사회주의 여성해방운동에 참여했던 인사들의 대부분은 해방 후 대부분 월북하여 자신들의 사상을 실현시키고자 노력했으나, 북한에서 체제정비사업을 시작할 때 숙청되기 시작하여 주체사상이 수립된 이후에는 권력에서 완전히 배제되었다.

Ⅵ. 현대의 여성

한국전쟁이후 우리나라는 눈부신 경제발전을 이루어 '한강의 기적'이라는 찬사를 얻어냈다. 그러나 그 기적 같은 경제발전 뒤에는 많은 희생이 있었다. 분단된 조국의 이데올로기적 대립 속에서 인권은 찾기 어려운 것이 되었고, 특히 노동자와 여성의 희생은 심각한 것이었다. 그러나 70년대까지만 하더라도 철저히 취사선택된 정보만 접촉할 수 있었던 열악한 상황 속에서 수많은 폐단은 여간해서는 사회표면으로 노출되지 않았다.

한국의 여성은 한국전쟁기간과 그 이후 실제적 가장으로서 과중한 책임을 기꺼이 수행하고도 그에 걸맞는 위상을 확보하지 못했다. 그러나 그 부당함조차 모르고 지나쳤다. 대부분의 사람들이 손해를 감내하고 있다는 사회적 분위기 때문이었다.

80년대 후반에 들어 경제력이 안정기에 접어들고 해외정보가 점점 빨리 그리고 많이 유입되어 들어오면서 상황은 변화하였다. 상대적 박탈감을 느끼는 사람들이 늘어났고, 사회적 부조리에 항의하는 일들이 많아졌다. 어쩌면 한국현대여성의 문제가 여기에 있을지 모른다. '흔한' 각 이익집단의 자기 주장과 같은 맥락으로 치부될 수 있다는 것이다.

1. 현대 여성문제의 발생

(1) 해방이후

서구의 근대사상 대부분이 그러하듯이 여성해방운동, 즉 페미니즘 역시 일정한 서구 근대의 흐름 속에서 상호작용을 하며 발생되고 성장한 것이다. 또한 페미니즘이 발생되고 발전되기까지는 부수한 여성운동가들과 남성협력자들의 노력이 필요했다. 그러나 우리나라에 들어온 여성해방운동은 그 과정이나 절차 없이 오직 찬란한 결과만이 유입되고 수용되었다. 즉 자본주의와 함께 서구의 제문화가 유입될 당시 여성해방운동도 일단 함께 들어온 것이다. 이렇게 발전된 결과만 수용된 상황은 한국의 여성에게 유리하게 작용하는 듯 보였지만 실은 그 반대였다.

1948년 남한만의 단독정부 수립을 위한 제10대 국회의원총선거가 실시되었다. 그런데 이때 여성에게도 투표권을 부여하였다. 사실 이것은 우익세력 중심의 단독정부수립을 위한 미군정의 목적이 작용한 것으로, 당시 문맹률이 90% 이상이었던 여성에게 투표권이 부여된 것은 아무런 의미가 없는 일이었다. 즉 아무런 투쟁 없이, 여성 스스로 요구하기도 전에 정부에서 여성에게 참정권을 부여한 것이다.

이는 서구의 경우와 좋은 대조를 보인다. 민주주의의 발상지라고 자처하는 영국에서는 1918년 남성 21세 이상, 여성 31세 이상에게 참정권을 주며 남녀차별적 부여를 시작했다가, 1928에 이르러서야 남녀 모두 21세 이상으로 동일화 시켰다. 그 10년 간 얼마나 치열한 동등권 운동이 진행되었을 것인지는 짐작하고도 남는다. 프랑스는 1946년이 되어서야 여성에게 참정권을 주었고, 미국도 1920년에야 여성에게 참정권을 부여했다. 즉 서구의 경우 발달된 인권의식, 민주주의 사상에도 불구하고 남녀차별적 사고는 가장 뒤늦게, 여성으로부터 끝없는 공격과 비판을 받은 끝에 겨우 정정된 것이다. 이렇듯 치열하게 참정권을 얻어낸 서구의 여성들은 그것이 의미하는 바와 중요성을 잘 알고 있다. 즉 여성을 정치세력화하여 여성과 관련된 정책의 입안과 시행에 있어 막대한 영향력을 행사하는 데 유용한 도구로 이용하고 있는 것이다.

그에 비해 우리나라의 경우, 신여성보다는 '구'여성의 수적으로 훨씬 우세한 가운데 덜컥 부여된 참정권은 오히려 여성의 정치적 무관심을 초래하였다. 즉, 글을 모르는 데다가 전통적으로 정치는 남성의 영역이므로 잘 알지도 못하고 알 필요도 없으며 알 수도 없는 정치는 그저 나보다 유식한 아버지나 남편, 혹은 아들을 통해 대충 이해하고 그들의 견해대로 참정권을 행사하면 그만이었던 것이다. 이들에게 여성의 정치세력화는 상상도 못할 개념이었다.

참정권의 경우와 마찬가지로 제분야에서 서구의 발전된 여성정책의 수용은 우리나라 여성에게 오히려 권리획득에 있어서 나태함을 가져다 주는 반작용이 일어났다.

여기에 제헌국회에 의해 제정된 우리나라 최초의 헌법도 문제가 되었다. 명분상 독일바이마르헌법의 계통을 따른다고 한 건국헌법은, 그러나 그 내용상 일본 민법을 모방하였다. 가족제도나 결혼, 이혼, 상속, 호주제 등 대부분이 일본의 민법을 차용한 것이어서, 근대 서구의 발전된 여권을 반영하기는커녕, 오히려 조선시대보다 더 후퇴한 여성의 지위를 제도화한 것이다. 결국 의식의 발전에 앞서 선진적 제도를 접한 여성들은 이러한 남성들을 너무 믿은 나머지 자신들의 지위가 법적으로 하락하고 있음을 간파하지 못하고 있었던 것이다.

(2) 한국전쟁 이후

1950년에서 1953년의 4년 간 지속되었던 한국 전쟁의 결과 다수의 남성 전사자가 발생하였다. 이에 따라 여성들은 극심한 생활고를 극복하고 가족의 생계를 꾸려가기 위하여 직업전선으로의 참여가 불가피하였다. 이제 더 이상 '내외법'을 지킬 수 없는 한계상황이 발생한 것이다.

여성, 주로 어머니들이 생계를 맡음에 따라 가정 내에서 그들의 영향력은 당연히 증대되었다. 그러나 지성을 겸비한 신여성과는 달리 '무식'했던 이들은 오로지 극도의 빈곤을 해결한 생업에만 열중하여 여성해방운동을 적극적으로 전개하지 못하였다. 즉 가정 내에서의 영향력 증대를 사회적 지위상승으로 연계시키지 못한 것이다.

여전히 정치참여의식은 낮았고, 자신들의 정당한 권리를 획득하는 일에도 나태하였다. 그 결과 1960년대 경제개발 5개년계획으로 대표된 경제성장 우선주의 정책이 시행될 때 수반된 여성의 희생과 차별의 정당화를 묵인하고 용납하는 상황을 맞이하였다. 1960년대이래 시행된 경제성장 우선주의 정책은 가부장제 이데올로기와 성장 이데올로기의 결합으로 나타났다. 여성에 관한 문제는 아무리 시급한 것이라도 외면했고, 따라서 여성의 정치참여도 배제하였다. 참정권은 있었지만, 여성을 위한 정책이라던가, 여성 정치인은 등장하지 않았다. 이 때 이상적인 여성상은 당시 영부인의 이미지 그대로였다. 절대 전면에 나서지 않고 뒤에서 끊임없이 남편을 위한 희생적 봉사를 싫은 내색 없이 행하는 여성. 즉 당시 여성들은 분명 무언가 성과 있는 일은 하되, 그 업적은 남편의 몫으로 돌아가는 것이었다.

조선이 멸망하며 표면적으로 중세 봉건시대는 막을 내렸지만, 식민지시대의 왜곡적 현실과 해방이후, 그리고 전쟁이후의 혼란은 여권과 관련된 그간의 발전적 투쟁을 모두 무효화 만들어 버린 것이다.

2. 여권향상운동의 전개

(1) 남한

1974년 UN에서 지정한 '세계 여성의 해'를 계기로 다수의 여권운동 단체가 설립되었고 이에 따라 여권운동이 활발하게 일어났다. 여기에는 다분히 정치·외교적인 의도를 갖은 정부차원의 지원이 있기는 하였으나, 1960년대 이후의 급속한 산업화 진전도 주요한 구조적 요인으로 작용하였다. 즉 여성노동자의 비율이 증대하고 여성의 교육수준이 향상되었으며, 여성의식이 개방화되고 있는 등 사회제반분위기가 더 이상 여권문제를 등한시 할 수 없게끔 변화된 것이다.

그러나 건국헌법의 문제 많던 여성관련 조항들이 개정되며 실제로 법제적 여권향상을 보인 것은 1980년대 후반에 들어서였다. 이 때도 '88서울올림픽이라고 하는 외부적 요인이 작용한 것은 분명하지만, 70년대 중반부터 발전해 온 여성의 의식이 꾸준히 개정을 요구한 결과이기도 했다.

먼저 변화를 보인 것은 1987년의 남녀고용평등법 제정에서였다. 고용상의 남녀평등과 모성보호 등을 목적으로 제정되었는데, 그 내용에는 모집·채용에서의 평등, 동일노동·동일임금 원칙, 교육·배치·승진에서의 평등, 정년·퇴직·해고에서의 평등을 명시하고 있다. 모성과 육아보호를 위한 근로기준법에서는 처음으로 여성의 생리휴가와 산전·후 유급휴가가 인정되었다.(제59조, 제 60조) 또 남녀고용평등법에서는 육아를 위한 휴직과 수유·탁아시설 설치를 의무화하고 있는데, 이는 오히려 여성채용의 기피라는 역효과를 보이기도 하였다.

1989년에는 가족법이 개정되었다. 먼저 호주제는 호주상속제에서 호주승계제로 전환되었다. 이는 장남이나 장손도 호주승계권을 포기하고 분가가 가능하도록 한 것이었다. 또한 호주의 권리나 의무도 축소하여, 기존에 있던 가족의 입적, 거가(居家)에 대한 동의권, 가족에 대한 부양의무, 가족의 거소(居所)를 지정할 권리, 가족에 대한 분가 강제권, 가족의 한정치산·금치산 선고에 관한 청구권과 취소 청구권, 가족의 후견인이 될 권리 등을 삭제하고, 단지 친족회 소집권과 의견 진술권만 유지시켰다. 참고로 우리나라 호주제의 원형이 되었던 일본 민법에서는 이미 1947년에 호주제도를 폐지하고 현재 가족의 성을 아버지나 어머니의 성씨 중에서 임의대로 선택할 수 있도록 규정하고 있다. 여권이 비교적 발달된 영국이나 독일, 프랑스, 오스트리아, 스위스 등의 유럽 국가에서는 '부부공동가장제도'를 채택하고 가장의 의무와 권리를 함께 이행하고 있다.

1989년에 개정된 가족법에서는 부부간의 결합관계에 있어서도 부부 각자의 의견이 동등한 비중을 갖는 것으로 규정하고 있다. 단, 호주승계 예정인 장남 가족은 시집살이가 의무인 것으로 여전히 한정하고 있다. 부모의 자녀 양육에 있어, 부부가 이혼할 경우, 가정법원이 친권자와 양육권을 결정하도록 하였다. 이 때 친권이란 미성년인 자녀를 보호·양육하고 살 곳을 정하고 자녀의 재산을 관리할 부모의 권리이자 의무를 말하는데, 부모와 자녀 사이의 친권관계는 서로 친부모·친자녀의 혈연관계가 있어야만 인정된다. 만약 남편의 전처 소생 아이이거나 남편의 외도로 생긴 아이의 경우, 아내가 원치 않으면 모자(母子)라는 친자관계가 성립되지 않고 그냥 인척관계가 되는 것이다. 친족관계도 부계 8촌 이내, 모계 4촌 이내로 남녀차별적이었던 것이, 배우자와 9촌 이내의 혈족과 4촌 이내의 인척으로 동등하게 바뀌었다.

1990년에는 민법의 상속 조항을 개정하여 배우자는 5할이 가산되고, 자녀는 차별 없이 같은 비율로 상속시켰다. 또한 이 때 이혼시 재산분할청구권을 신설하였는데, 그 내용은 부부가 협력하여 이룩한 재산의 액수나 기타 사정을 참작하여 가정법원이 분할 액수와 방법을 결정하는 것이었다.

1994년에는 성폭력 특별법이 제정되었다. 지하철이나 버스 또는 공연장에서 추행한 자는 1년 이하의 징역이나 3백만 원 이하의 벌금형에, 전화나 우편, 컴퓨터 등 통신매체를 이용해 성적 수치심이나 혐오감을 일으키는 말이나 음향, 글이나 도화, 영상 또는 물건을 상대방에게 전달한 자도 1년 이하 징역이나 3백만 원 이하의 벌금형에 처하도록 하였다. 위계 또는 위력으로 추행한 자는 2년 이하의 징역이나 5백만 원 이하의 벌금형에, 또 구금된 사람을 감호하는 자가 그 사람을 추행한 때는 3년 이하의 징역이나 1천 5백만 원 이하의 벌금형에 처하도록 하였다.

이상의 법제가 여성에 대한 '최소한'의 조치였다면, 보다 적극적으로 여권 발전을 도모한 것은 여성발전기본법(女性發展基本法)이 제정된 이후부터였다. 정치적 논란 끝에 겨우 국회를 통과하여 1995년 12월 30일 제정된 이 법은 헌법의 남녀평등이념을 구현하기 위한 국가와 지방자치단체의 책무등에 관한 기본적인 사항을 규정함으로써 정치·경제·사회·문화의 모든 영역에 있어서 남녀평등을 촉진하고 여성의 발전을 도모함을 목적으로 명시하고 있다. 구체적으로 여성의 정책결정과정 및 정치참여와 공직참여, 고용평등, 모성보호의 강화, 가정교육·학교교육·사회교육에 있어서의 남녀평등의식 고취, 여성복지증진, 영유아보육, 평등한 가족관계 확립, 성폭력 및 가정폭력 예방, 가사노동가치의 평가, 여성국제협력, 대중매체의 성차별개선 등을 기본시책으로 하며 이를 위한 구체적이며 적극적인 제반조치를 포함하고 있다. 이 법에 시행된 이후 1998년부터 현재까지 지속적으로 부분적 개정을 이루며 주력한 결과로, 1998년 2월 28일 대통령령 제156935호에 의하여 대통령직속 여성특별위원회가 설치되었고, 드디어 2000년 12월 27일자로 여성부가 신설되었다.

여성부의 필요성에 대해서 현재까지도 일각에서는 부정적인 시각을 갖고 있다. 그러나 현재 우리나라의 경제수준이 GDP 기준으로 세계 13위(1999년 기준)인데 비해, 국제연합개발계획(UNDP)이 밝힌 2000년도 한국의 여성개발지수(여성의 소득, 교육수준 및 평균수명을 기준)가 30위이고, 여성권한지수(여성의 소득수준, 전문직 종사율, 여성의원수 등을 기준)는 63위로 낙후한 수준임을 볼 때 여성문제는 오히려 경제문제보다도 시급한 현안으로 보인다. 이 여성지수를 포함한 2000년도 인간개발보고서(Human Development Report)에 의하면 한국의 인간개발지수(HDI:Human Development Index)가 31위라고 하니, 한국에서 남녀간의 불평등이 어느 정도인지를 가늠하게 한다. '요즘 여자들 살기 좋아졌다'는 한국남성들의 푸념도 결국 '허풍'에 지나지 않는다는 것을 증명하는 것이다. 이러한 상황을 감안할 때 여성부라는 여성발전기본법을 시행할 독립적 주무부처가 존재한다는 것은 여권향상 측면에서 고무적인 일일 뿐더러 국가의 균형적 발전을 위해서라도 반드시 필요한 것이다.

(2) 북한

한국전쟁 이후 일단의 사회주의운동 세력들은 대부분 월북하여 북한의 사회주의 사상 정비에 기여하였다. 원래 사회주의사상은 기존 사회를 사적 소유제에 입각한 신분사회 내지 계급사회이고, 이를 유지하기 위해 봉건적인 가부장질서가 가족제도로 구축되어 있다고 본다. 따라서 사회주의사회의 건설에서 사적 소유제의 철폐, 계급관계의 철폐와 더불어 봉건적인 가부장적 가족제도의 철폐, 성차별의 해소, 여성해방이 동시에 요구된다. 레닌이

"여성을 공적 서비스와 정치생활에 끌어내지 못하면 민주주의는 물론 사회주의 사회를 건설할 수 없다"한 이유도 여기에 있다. 과거 소련과 중국은 초창기 사회주의사회를 건설할 당시 이러한 구도에 따라 여성의 사회적 경제활동 참여를 적극 유도함과 동시에 혼인법과 남녀평등법의 제정, 육아 및 가사노동의 사회화를 시도하고 '가족소멸론'까지 제기하였다. 그러나 60년대 이후부터 다시 가족강화책을 시행하여 사회적 단위로서 가족의 의의를 사회주의체제가 붕괴될 당시까지 유지해 왔다.

해방 직후 북한에서도 이러한 현상은 비슷하게 발견된다. 1946년 2월 8일 북조선임시인민위원회가 구성된 후 본격적으로 토지개혁, 중요산업국유화조치 등을 시행하면서 7월 30일 '남녀평등권에 관한 법령'을 공포하였다. 이 법률은 남녀 기회균등 원칙을 추상적으로 천명하는 데 그치지 않고 고용평등 및 동일노동 동일임금 원칙과 작업 중 수유시간 보장, 산전산후 휴가, 임신 중인 여성의 야간작업 금지, 자녀가 있는 여성의 노동시간 단축 등의 모성보호, 동일한 임금·사회보험 및 교육의 권리 등에 관해 구체적으로 명시하고 있다. 당시 가족정책의 목적은 무엇보다 봉건적 가족제도의 물적 기반을 와해시켜 봉건적 가족제도를 해체하는 데 있었다. 그 이유는 봉건적 가족제도가 친족·문중·혈연중심으로 개인의 공동체적 연대감을 사회나 국가보다 가족공동체에 놓게 하기 때문이다. 사회주의사회를 건설함에 있어서 개인의 사회적 연대감은 국가와 당을 중심으로 형성될 필요가 있었던 것이다.

한국전쟁이 끝난 뒤 60년대 초에 이르기까지는 가족안정화정책을 시행했다. 이 때까지만 해도 가족정책의 기본 구도는 마르크스-엥겔스주의에 입각한 것이었다.

그러나 1967년 제기된 '온 당의 주체사상화' 작업 이후 순수사회주의는 변질되었다. '주체사관'에 입각한 북한의 현대사는 '역사의 주체인 인민대중의 상승운동이 최고단계에 도달한 시기'로, '노동계급을 비롯한 광범위한 인민대중이 역사에서 현실적인 주인의 지위에 오른 시기'이다. 또 '수령 · 당 · 인민의 삼위일체 원칙'에 입각하여 '인민대중이 역사의 주체로서 지위를 자치하고 역할을 다하자면 반드시 지도와 대중이 결합되어야 한다.' 기존의 '개인의 사회적 연대감'에 '수령'이라는 우상이 더해져 수평관계가 아닌 수직관계로 전환된 것이다.

북한 주체사관의 특징은 혁명전통의 배타성과 유일성, 순수성을 강조한다는 것이다. 이에 따라 마르크스 · 레닌의 이론을 비판하며, 사회주의 · 자본주의를 불문하고 외국의 발전방법을 부정하였다. 이에 따라 '가족소멸적'인 마르크스-엥겔스적인 가족이념을 탈피하고 주체사상 이념을 공고히 할 수 있도록 가족강화책이 전개되었다. '가정의 혁명화' · '여성의 혁명화' · '여성의 노동계급화'라는 구호 아래 가족을 사회주의혁명의 기본단위로 하는 가족정책도 이를 위한 일련의 조치였던 것이다.

수령의 우상화 작업에 따른 수직관계 개념은 남녀관계에도 영향을 미쳤다. '수령의 지도'를 격상시키며 당 서열에 따른 새로운 상하관계를 형성하고, 그 상하관계를 유교적 가부장제와 연결시키는 과정에서 여성의 지위는 다시 하락하고 만 것이다. 노동계급운동으로서의 여성운동은 인정하였으나, 사회계급운동으로서의 여성운동은 부정되었다. 이미 1946년에 여성들의 권리는 '남녀평등법'이 제정되며 보장되었으므로 여성해방운동은 더 이상 필요하지 않다는 논리였다. 게다가 그 법을 만든 것이 '위대한 수령'이므로 '수령님의 은혜'를 찬양하고 '수령님께' 더욱 충성하는 것이 여성이 해야할 '도리'이자 '임무'가 되고 만 것이다.

또 '공산주의적 어머니'라는 새로운 개념을 만들어 여성들에게 독려하였다. '공산주의적 어머니'란, 노동현장에 능동적으로 참여하면서도 자녀와 남편을 공산주의 혁명가로 만드는 어머니요, 아내가 되는 것을 말한다. 곧 북한에서의 이상적인 여성상은 "사회주의 건설의 모든 초소에서 힘차게 투쟁하는" 노동전사이면서, 동시에 "알뜰한 주부이며 자애로운 어머니"가 된 것이다. 사회주의적 여성해방이념은 퇴색하고 전통적 가치관과 혈연관계에 기초한 가부장이념이 새로운 논리로 되살아나 여성들에게 일과 가정 모두에서 빛나는 승리를 거둘 것을 요구하고 있는 것이다.

김정일정권이 새롭게 출발한 직후인 1998년 9월 28일 「제2차 어머니대회」(제1차는 1961년 개최)를 열었는데, 여기서 첫째 여성들의 다산, 둘째, 자녀들을 김정일의 충신·효자로 육성하기 위한 가정별 교양사업강화, 셋째 여성들의 적극적인 노동, 넷째 가정차원에서의 군지원사업 강화 등을 적극 강조하였다. 여기서 강조된 내용들은 사실 그 목적이 경제난으로 인한 인구의 감소, 청소년 계층들의 부랑(꽃제비) 및 일탈현상 증대, 갈수록 어려워지는 노동력동원문제, 재정난으로 인한 군지원의 곤란 등을 해소하려는데 있다. 그러나 다른 한편으로 이 내용들은 60년대 초반 강조되었던 사회주의혁명의 세포조직으로서의 가정 개념을 김정일 충성의 기층단위로 재개념화하고, 강성대국 건설에 맞게 '가정의 혁명화' 개념을 새로이 조명한 것으로서 여성들을 이전보다 더욱 더 봉건적인 기부장적 논리에 속박 당하게 하는 것이라 할 수 있다.

결국 북한의 여성은 사회적 노동과 가사노동 모두를 책임져야 하는 이중노동의 질곡에 놓여 있다고 할 수 있다. 이러한 북한의 여성지위는 친교관계를 유지했던 중국의 소선족 사회에도 영향을 미쳐 사회주의 국가 중에서 특이하게도 여성 지위가 낮은 상황을 만들어 냈다. 주체사관으로 편성된 현 북한의 체제적 특성이 유지되는 한 북한 여성의 지위향상은 기대하기 어려울 것으로 보인다.

3. 현대여성운동의 한계성과 과제

사회사상과 실제 사회구조의 불일치는 어느 시대를 막론하고 다소의 정도의 차이를 두고 지속적으로 존재하며 인간사회에 병리현상을 일으키는 요인으로 작용하기 마련이다. 한국의 경우 전쟁 이후 급격한 사회 구조변화가 발생하였음에도 불구하고 그에 적합한 사회사상의 미비하여 많은 혼란을 겪었다.

서구에서 유입된 신사상과 전시대 사상인 유교적 가치는 서로 조화되지 못하고 대립하는 양상을 보였다. 오히려 유교라는 완성도 높은 계급옹호적 전통사상과 미완의 서구 합리주의사상이 충돌하며 나타난 갈등은 급속한 사회변화에 따라 발생한 부작용과 함께 작용하여 신사상에 대한 부정적 견해를 일반화시켜 사상적 복고주의가 발생하는 현상도 보였다. 하지만 이는 사상과 실제의 유리화를 초래하여 다방면에서 더욱 심각한 갈등을 야기하는 원인이 되었다.

현대 여성문제와 관련하여 무엇보다도 중요한 것은 여성 스스로의 자각 부족이다. 남성에 의해 강압된 유교적 논리에 반박할 사상적 근거와 사회적 이해가 부족했던 우리의 어머니 세대들은 유교적 미덕에 굴복하고 만 것이다. 또한 부의 편중현상으로 상층 여성의 사회진출에 경제적 이유가 사라진 상황은 상층 여성의 사회진출 소극화를 가져왔고, 시대의 선구자로 나서야 할 상층 여성이 여성지위에 대해 오히려 더 무감각해지는 결과를 가져왔다.

또한 투쟁 없이 획득된 참정권과 1960년대~1970년대에 진행된 독재정치에서의 여성 정치참여 배제로 인하여 여성의 정치수준은 전반적으로 저하되는 양상을 보였다. 결과적으로 여성지위향상 운동에 대한 소극적 자세가 습성화 되어버린 것이다.

현대사회에서 여성은 남성의 보조자가 아닌 동반자이며 협력자이다. 여성은 구시대의 남성 의존적 사고를 버리고 스스로의 가치에 대한 자부심 함양하여 남성과 동등한 인격체로 거듭나야 한다. 남성의 입장에서도 수동적인 보조자보다는 능동적인 동반자를 얻는 것이 평상의 생활과 보다 상위의 경쟁에서 유리하게 작용함을 인지해야 한다. 현재 진행되고 있는 호주제 폐지 논의도 이러한 차원에서 개진되고 있는 것이다.

부부관계에 있어 서로 대등함 유지하기 위해서는 가사와 구별되는 직업과 독자적 경제력을 유지하는 것이 관건이다. 현재 한국 여성의 일부는 남편의 수입을 관리하고 임의대로 사용할 수 있다는 것만으로도 상당한 지위를 획득한 것으로 여기는 경우가 있는데, 고려시대와 조선시대 초기, 그리고 명확하지는 않지만 그 이전 시대의 여성들이 남편의 것과 구별되는 독립적 경제력을 지니고 있었음을 상기해야 한다. 남편의 재산과 부부 공동의 재산, 그리고 처의 재산은 서로 구분되는 것임을 인식해야 하는 것이다. 전근대 사회에서의 여성의 재산이 주로 친부모로부터의 상속에 의한 것이었다면 개인의 능력이 우선시되는 현대에는 자신의 능력으로 벌어들이는 수입이 더해져야 시대에 걸맞는 것이 될 것이다. 그러므로 현대사회를 살아가는 데 있어서 여성의 직업은 필수적인 것이다.

그러나 한국의 현실은 아직 여성의 취업이 상대적으로 불리하다. 그러므로 오늘을 살아가는 한국의 여성은 스스로의 취업과 더불어 여성의 취업기회 확대를 위해 적극적으로 노력해야 한다. 일단 직업을 갖게 된 이후에는 독립적이며 투철한 직업인 의식을 함양하여 전문가라는 자각을 가져야 한다.

21세기에 들어 새로운 여성운동이 시작되고 있지만, 보다 효과적인 결과를 얻기 위해서는 무엇보다도 현사회에 대한 심오한 이해가 있어야 한다. 우리가 살고 있는 시대는 단순히 신·구사상의 충돌만이 존재하는 것이 아니다. 분단이라는 민족적 현실은 한국사회에 사회주의와 공산주의에 대한 발작적 거부증세를 전파시켜 복지와 인권에 관한 정책까지도 '사회주의적'인 것으로 매도하여 그 실현을 어렵게 만들고 있다. 이런 추세로 가다가는 민주주의와 자본주의, 그리고 사회주의가 조화롭게 배합된 북구의 선진복지국가에서 보이는 발전된 여권의 모습은 영영 '그림의 떡'일 뿐이다.

여기에 여성 스스로 '선구' 의식을 지녀야 하는 필연성이 있다. 여권의 향상은 단순히 몇몇 악습을 고치는 것으로 이루어지는 것이 아니다. 사회적 인식과 사회구조의 전반적 개편이 필수적으로 수반되어야 하는 것이다. 이 변화에 있어서 여성은 주도적으로 활약해야만 한다. 더 이상 남성의 보조자 역할에 만족해서는 안 된다. 제반의 사회적 권력을 남성이 주로 장악하고 있는 현재의 한국적 분위기에서, 짧지 않은 기간동안 사회변화의 혼란을 감내하고 고정관념이 깨지는 가치관적 고통 속에서 다소의 기득권을 포기하며 끝까지 페미니즘에 동조할 남성은 유감스럽게도 다수가 아니기 때문이다. 즉 앞장 선 남성이 뒤쳐져 오는 여성이 원하는 방향으로 길을 인도할 가능성은 희박하다는 것이다. 현재 한국여성이 그나마 확보하고 있는 권리-예를 들면 재산권에 있어서 딸이나 처의 권리-도 선구의식을 지닌 여성들이 진보적인 사상을 갖고 있는 남성들의 협력을 얻어 끈질긴 투쟁 끝에 획득해 낸 것이지, 권력을 쥔 남성들의 동정이나 자선에 의해 주어진 것이 결코 아님을 알아야 한다.

기회와 처우의 좀 더 공평한 분배를 요구하는 여성운동의 본질적 방향은 인권운동과 같은 맥락에 있다. 여성들은 이제 적극적으로 나서서, 여성운동을 '하는 일에 비해 너무 많은 권리를 바라는' 것으로 오해하고 있는 남성들에게 그들이 짊어지고 있는 과중한 책임의식이나 부담감도 함께 나누고자 하는 뜻을 이해시키고 협조를 구해야 한다. 여성해방은 결국 남성도 해방시키는 것임을 일깨워 주어야 한다. 여성운동은 궁극적으로 인간 모두를 위한 것이고, 여기에 현대 여성운동의 당위성이 있다.

【참 고 문 헌】

원 전

〈국내서〉

『三國史記』

『三國遺事』

『高麗史』

『朝鮮王朝實錄』

〈국외서〉

『論衡』

『史記』

『漢書』

『後漢書』

『三國志』

『晉書』

『宋書』

『南齊書』

『梁書』

『魏書』

『周書』

『隋書』

『南史』

『北史』

『舊唐書』

『新唐書』

『金史』

논 저

〈단행본〉

김안서 편역,『한국여류한시선집』, 정음사, 1977.

김영덕 외,『한국여성사 : 개화기~1945』, 이화여자대학교출판부, 1993.

김용숙,『한국여속사』, 민음사, 1989.

김형덕 외,『현대사회와 여성의 역할』, 한국여성개발원, 1990.

배경숙,『한국여성사법사』, 인하대학교출판부, 1988.

서진영,『여자는 왜』, 동녘, 1993.

손봉숙 외,『북한의 여성생활』, 나남, 1992.

여성한국사회연구회 편,『여성과 한국사회』 개정판, 사회문화연구소, 1995.

우리교육출판부, 『세상의 절반, 여성이야기 - 성차별 깨뜨리기 일곱마당』, 우리교육, 1993.

윤미량, 『북한의 여성정책』, 한울, 1991.

이계학 외, 『한국인의 전통가정교육사상』, 한국정신문화연구원, 1994.

이광규, 『가족과 친족』, 일조각, 1992.

이능화, 『조선여속고』, 동문선, 1990.

이배용 외, 『우리나라 여성들은 어떻게 살았을까』 1(고대~조선), 청년사, 1999.

이배용 외, 『우리나라 여성들은 어떻게 살았을까』 2(개화기~해방기), 청년사, 1999.

이은창, 『한국 복식의 역사』 고대편, 세종대왕기념사업회, 2000.

임동권, 『여성과 민요』, 집문당, 1989.

장주근, 『한국신화의 민속학적 연구』, 집문당, 1995.

정용숙, 『고려시대의 后妃』, 민음사, 1992.

최숙경 외, 『한국여성사 : 고대~조선시대』, 이화여자대학교출판부, 1993.

최영길, 『이슬람의 이해』, 신지평, 1999.

한국여성개발원 편, 『현대사회와 여성의 역할』, 한국여성개발원, 1990.

한국여성개발원 조사연구실 편집, 『북한여성의 지위에 관한 연구』, 한국여성개발원, 1992.

한국여성사 편집위원회 편, 『한국여성사』 부록, 이대출판부, 1993.
한국여성연구소 여성사연구실, 『우리 여성의 역사』, 청년사, 1999.
한국여성연구회 여성사분과, 『한국여성사』 근대편, 풀빛, 1992.
한국여성연구회, 『여성학 강의 - 한국 여성 현실의 이해』, 동녘, 1994.
한국여성철학회 편, 『여성의 몸에 관한 철학적 성찰』, 철학과현실사, 2000.
한비야, 『바람의 딸 걸어서 지구 세바퀴 반』 4(몽골·중국·티베트), 금도, 1998.

〈논 문〉

김강산, 「연오랑과 세오녀」, 『불교』 2권 7호, 1971.
김권구, 「선사시대 의례와 사회적 성(gender)의 고찰」, 『고고역사학지』 16, 동아대학교 박물관, 2000.
김기흥, 「혼인의 사회사 - 삼국시대」, 『역사비평』 계간 25호, 역사비평사, 1994.
김두진, 「한국 고대 여성의 지위」, 『한국사 시민강좌』 제15집, 일조각, 1994.
김용선, 「고려 귀족의 결혼, 출산과 수명」, 『한국사연구』 103, 한국사연구회, 1998.
김정자, 「서양 중세여성의 역할과 지위」, 『여성과 사회』 1, 창작과비평사, 1990

박순영, 「박순영, 인류 진화사 모델에 나타나는 여성의 모습: 변한 것과 변하지 않은 것」, 『한국문화인류학』 31집 2호, 한국문화인류학회, 1998.

박희순, 「천도교의 여성계몽운동」, 상명대학교 역사교육 석사논문, 1993.

변주나 외, 「선사인류의 성차별: 의료인류학적 접근」 『한국문화에 관한 국제학술회의 및 제30차 한국문화인류학회 전국대회 발표논문집』, 한국문화인류학회, 1998.

서형실, 「혼인의 사회사 - 일제시기」, 『역사비평』 계간 25호, 역사비평사, 1994.

소재영, 「연오 세오 설화고」, 『국어국문학』 36, 국어국문학회, 1967.

송계숙, 「개화기의 여성관과 여성계몽운동」, 상명대학교 역사교육 석사논문, 1999.

여성사연구회 편집부, 「한국여성해방이론의 전개에 대한 비판적 검토」, 『여성』 2, 창작과 비평사, 1988.

이광규, 「혼인의 사회사 - 조선후기」, 『역사비평』 계간 25호, 역사비평사, 1994.

이남희, 「여성사를 보는 시각」, 『여성』 2, 여성사연구회 편, 창작과 비평사, 1988.

이배용, 「한국 근대 여성의식 변화의 흐름」, 『한국사 시민강좌』 제15집, 일조각, 1994.

장병인, 「혼인의 사회사 - 조선전기」, 『역사비평』 계간 25호, 역사비평사, 1994.

전혜성, 「조선시대 여성의 역할과 업적」, 『한국사 시민강좌』 제15집, 일조각, 1994.

정용숙, 「신라의 여왕들」, 『한국사 시민강좌』 제15집, 일조각, 1994.

정현백, 「원시·고대편 - 모권제 논의를 중심으로」, 『여성』 2, 여성사연구회 편, 창작과 비평사, 1988.

최규성, 「고려 속요를 통해 본 고려후기의 사회상」, 『사학연구』 61, 한국사학회, 2000.

최숙경, 「한국 여성사 연구의 성립과 과제」, 『한국사 시민강좌』 제15집, 일조각, 1994.

한희숙, 「양반사회와 여성의 지위」, 『한국사 시민강좌』 제15집, 일조각, 1994.

허흥식, 「고려 여성의 지위와 역할」, 『한국사 시민강좌』 제15집, 일조각, 1994.

허흥식, 「혼인의 사회사 - 고려시대」, 『역사비평』 계간 25호, 역사비평사, 1994.

〈번역서〉

G. Bowles & R. D. Klein 공편, 『여성학의 이론』, 정금자 옮김, 을유문화사, 1986.

J. F. Mclennan, 『혼인의 기원』, 김성숙 옮김, 나남, 1996.

J. R. Krebs & N. B. Davies 공저, 『행동생태학』, 김창회 옮김, 한국경제서적, 1999.

데이비드 카플란 · 로버트 매너스, 『인류학의 문화이론』, 최협 옮김, 나남출판, 1994.

藤原新也, 『티베트 방랑』, 박매영 옮김, 한양출판, 1994.

백남운, 『조선사회경제사』, 박광순 옮김, 범우사, 1989.

앙드레 미셸, 『여성해방의 역사』, 이혜숙 옮김, 백의, 1994.

엠마뉴엘 레이노, 『강요된 침묵 - 억압과 폭력의 남성 지배문화』, 김희정 옮김, 책갈피, 2001.

玉城肇, 『세계여성사』, 김동희 옮김, 백산서당, 1986.

크리스 하먼, 『알기 쉬운 마르크스주의』, 배규식 옮김, 책갈피, 1993.

한국 여성사 〔개정판〕

2006년 8월 18일 인쇄
2006년 8월 25일 발행
지은이 • 최일성 • 김현정 공저
펴낸이 • 육 낙 현
편낸곳 • 백산자료원
㊃100-193 서울시 중구 을지로3가 334-1
전화 02-2268-8668 팩스 02-2267-7710
홈페이지 : http://www.paeksan.com
E-mail : pss1966@kornet.net
등 록 1991. 2. 11. 제 2-1125호
ISBN 89-88435-87-7 93910